Deus, quem és Tu?

Dados Internacionais de Catalogação na Publicação (CIP)
(Câmara Brasileira do Livro, SP, Brasil)

Grün, Anselm
Deus, quem és Tu? / Anselm Grün, Wunibald Müller ; tradução de Paulo Valério. – Petrópolis, RJ : Vozes, 2012.

Título original : Wer bist Du, Gott?

Bibliografia.

ISBN 978-85-326-4279-0

1. Deus 2. Deus – Amor 3. Deus – Onipotência 4. Revelação I. Müller, Wunibald. II. Título.

11-13193 CDD-231.74

Índices para catálogo sistemático:

1. Deus : Revelação : Teologia cristã 231.74

Anselm Grün
Wunibald Müller

Deus, quem és Tu?

Tradução de Paulo Valério

EDITORA
VOZES

Petrópolis

Título do original alemão: *Wer bist Du, Gott?*

Direitos de publicação em língua portuguesa – Brasil:
2012, Editora Vozes Ltda.
Rua Frei Luís, 100
25689-900 Petrópolis, RJ
Internet: http://www.vozes.com.br
Brasil

Diretor editorial
Frei Antônio Moser

Editores
Aline dos Santos Carneiro
José Maria da Silva
Lídio Peretti
Marilac Loraine Oleniki

Secretário executivo
João Batista Kreuch

Editoração: Elaine Mayworm
Projeto gráfico: Sheilandre Desenv. Gráfico
Capa: Felipe Santos|Aspectos

ISBN 978-85-326-4279-0 (edição brasileira)
ISBN 978-3-466-36882-2 (edição alemã)

Editado conforme o novo acordo ortográfico.

Este livro foi composto e impresso pela Editora Vozes Ltda.

Sumário

Prólogo

No princípio era a Palavra
e a Palavra estava com Deus,
e a Palavra era Deus.

No princípio, ela estava com Deus.

Todas as coisas foram feitas por meio dela
e sem ela nada se fez do que foi feito.

Nela estava a vida,
e a vida era a luz dos seres humanos.

E a luz brilha nas trevas,
mas as trevas não a compreenderam.

Era esta a luz verdadeira
que, vinda ao mundo,
ilumina todas as pessoas.

Ela estava no mundo,
e por ela o mundo foi feito,
mas o mundo não a conheceu.

Veio para o que era seu,
Mas os seus não a receberam.

Mas a todos que a receberam,
aos que creem em seu nome,
deu o poder de se tornarem filhos de Deus:
estes não nasceram do sangue,
nem da vontade da carne,
nem de uma vontade do homem,
mas de Deus.

E a Palavra se fez carne
e habitou entre nós;
vimos sua glória,
a glória de Filho único do Pai,
cheio de graça e verdade.

Jo 1,1-5.9-14

Teu Deus deve ser meu Deus
Um prólogo

Inicialmente, pareceu-nos algo presunçoso falar sobre Deus. Até mesmo agora persiste a impressão de que envolver-se numa conversa sobre Deus é, no mínimo, um empreendimento difícil. Ao mesmo tempo, quanto mais nos entregávamos a esse afã tanto mais sentíamos que, no final das contas, não é absolutamente possível – ou apenas muito limitadamente – falar *sobre* Deus. No entanto, nós o fizemos; pelo menos tentamos. Investigamos a questão sobre a existência de Deus. Procuramos também acolher – ainda que limitadamente – aquelas vozes que não acreditam em Deus, que têm dificuldades em vivenciar e em experimentar Deus como presente e atuante em seu mundo e em seu cotidiano.

Não nos propomos a provar a existência de Deus. Não nos seria possível. O que podemos fazer é falar sobre nossa experiência com Deus. Neste caso, porém, se quisermos falar a partir de nossa experiência, não podemos nos retrair. Precisamos, pois, permitir que outros participem também de nossos sentimentos e pensamentos mais íntimos. Devemos nos abrir completamente e consentir em que outros lancem um olhar profundo sobre nosso interior. Isso, no entanto, tem tudo a ver com Deus. Permitir que meu íntimo se expresse é, talvez, até mesmo o pré-requisito para falar realmente sobre Deus. Deixar que meu mundo interior fale. Ter a ousadia, sim, de revelar as mais recônditas moções de meu coração e de minha alma.

Não obstante, este livro tornou-se muito pessoal e íntimo. No começo, não sabíamos disso. Desenvolveu-se nessa direção. Contudo, esta é certamente a autêntica contribuição que ambos podemos oferecer quando se trata de Deus.

Não temos a pretensão de saber sequer minimamente mais do que outros a respeito de Deus. Tampouco reivindicamos ser possuidores da verdade quando se trata de Deus. Tratamos de questões relacionadas a Deus, com as quais as pessoas se ocupam. Temos em vista homens e mulheres que estão próximos da Igreja, e pessoas que estão longe da Igreja: os que estão em busca, os que têm dúvidas, bem como aqueles que estão firmemente convencidos de que Deus existe, e para os quais é impensável uma vida sem Deus, e aqueles para os quais Deus é uma pedra de tropeço, ou interessa muito pouco.

Talvez nossa conversa estimule o diálogo com outras pessoas a respeito de Deus, quando não a empreender até mesmo o diálogo com Deus. Alguns podem reencontrar-se em nossos pensamentos e experiências. Outros dificilmente se descobrirão no que dizemos aqui. Isso é normal; bem como é igualmente normal retrair-se e silenciar depois de alguém ter-se inquietado longamente a respeito de Deus e de ter discutido vivamente sobre Ele, de ter talvez até mesmo conversado com Ele a este respeito. Que Deus tenha a oportunidade de encontrar alojamento em nossa vida e em nosso dia a dia; que possa manifestar-se e ser percebido, tornando-se realidade para nós e para nossa vida.

Agradecemos a Winfried Nonhoff, da Editora Kosel, por ter nos convidado e encorajado a entabular um diálogo sobre Deus, e a Melanie Bradtka, pela inestimável colaboração na editoração do texto.

Anselm Grün
Wunibald Müller

Parte I

Se crer em Deus significa
poder falar dele na terceira pessoa,
então não creio em Deus.

Se acreditar nele significa
poder falar com Ele,
então eu creio em Deus.

Martin Buber

1
Falar sobre Deus

Falar discretamente sobre Deus

WUNIBALD MÜLLER: Eis que fomos estimulados por Winfried Nonhoff, diretor da Editora Kosel, a tratar de um tema que é tremendamente delicado: conversar sobre Deus, examinar as questões sobre quem é Deus, o que Deus significa para nós, como experimentamos Deus. Investigar, sobretudo, a questão de quem é Deus, e falar *sobre* Deus, provoca-me certo frio no estômago. Será que isso nos é possível? Não seria presunção? Quando falei a esse respeito com meu amigo Alexander Susewind, ele disse imediatamente que não poderia nem faria isso. É como se o tivesse ouvido dizer que não é lícito fazê-lo.

Há alguns anos – pouco depois de Joseph Ratzinger ter sido eleito papa – perguntei ao Irmão David Steindl-Rast o que ele aconselharia, então, ao papa. Ele respondeu que se encontrara frequentemente com o Dalai-Lama e ficara muito impressionado quando este respondia reiteradamente às perguntas: “Não sei”. Portanto, eu aconselharia o papa a, de quando em vez, simplesmente responder: “Não sei. Não sei. Não sei”.

Isso vale também para nós, pelo menos para mim. Não sei quem é Deus. No entanto, se apesar disso me entrego a uma conversa sobre Deus, certamente é porque tenho a esperança de poder falar contigo sobre Deus e conceder-me tempo para isso – no final das contas, tempo também para Deus. Nesta ocasião, gostaria de inteirar-me sobre o que você sabe sobre Deus, o que Ele significa para você e como o experimenta. Assim, não ficamos numa conversa *sobre* Deus, mas – e é isso que espero de nosso diálogo – nos entretemos sobre nossas experiências com Deus. Neste percurso, gostaria de pôr em prática um conselho que me deu o bispo auxiliar de Würzburg, Ulrich Boom: "Deve-se, sim, falar sobre Deus, mas discretamente".

ANSELM GRÜN: É um sábio conselho. Com efeito, algumas pessoas falam tão alto sobre Deus como se o conhecessem exatamente, como se o pudessem enfiar no bolso. Torno-me cético em relação a isso. Sobre Deus só é possível falar muito circunspectamente. Por outro lado, devemos falar sobre Deus, pois Ele é a verdadeira realidade de nossa vida. Se o ocultamos, silenciamos mortalmente uma dimensão importante de nossa vida.

Em uma discussão com teólogos acerca da história bíblica da salvação, um deles me perguntou: "Como você define Deus?" Fiquei um tanto aborrecido. Deus não pode ser definido. Obviamente posso expor as descrições filosóficas e teológicas de Deus. Contudo, sei que não passam de tentativas de aproximação do Deus que é incompreensível.

Se falarmos de Deus com esta consciência de que nossos conceitos e palavras tocam apenas uma pontinha dele, então estou prazerosamente disposto a falar sobre Deus e, neste momento, iniciar um diálogo contigo. Se, porém, pretendermos saber exatamente quem é Deus, então devo deter-me aqui.

A respeito de Deus, podemos dizer muito mais o que Ele não é do que aquilo que Ele realmente é

WUNIBALD MÜLLER: Com isso, encontramo-nos já em meio a uma conversa sobre Deus, e estou de acordo com você: não podemos e não devemos silenciar sobre Deus. Como monge, você escolheu um estilo de vida que está fortemente marcado pela consciência de que Deus existe e de que Ele atua em nossa realidade. Sua agenda diária está repleta de períodos fixos de oração, a tal ponto que, fundamentalmente, tudo o que faz deve contribuir para a maior glória de Deus.

Igualmente, para mim, a fé profunda na existência de Deus, em sua presença e em sua atuação em minha vida e em nosso mundo é a razão que sustenta minha vida. Para mim, como cristão, isto significa colocar minha vida e meu cotidiano em contado com Deus. Sempre me pergunto o que Deus tem em mente para mim, o que é sua vontade. Desejo tornar-me e ser aquele que Ele determinou tornar-me e ser.

Contudo, sei quão difícil pode ser, às vezes, descobrir o que Deus quer de mim. Como é, efetivamente, muito penoso saber o que Deus quer de mim em determinada situação. Por conseguinte, também me deparo com dificuldades quando encontro pessoas que, com naturalidade, acreditam saber qual é a vontade de Deus, e isso não apenas para si mesmas, mas, com frequência, sobretudo também para os outros. Isto aplica-se também a algumas igrejas, líderes eclesiais ou autoridades que dão a impressão de possuírem pessoalmente o Espírito Santo.

ANSELM GRÜN: Alguns julgam saber exatamente o que Deus pensa. Creem conhecer as intenções e os pensamentos de Deus. Também a esse respeito posso somente dizer: não conheço os pensamentos de Deus. Não posso inspecionar os pensamentos de Deus, colocar-me acima dele e ponderar o que Ele pensa e por que pensa assim. Posso tão somente contemplar o mundo e refletir acerca de como Deus o criou. Posso escutar meu coração e seus anseios, e confiar em suas intuições, as quais me dizem algo a respeito de Deus. No entanto, fico com a apofática teologia dos místicos, a qual afirma que, a respeito de Deus, podemos dizer muito mais o que Ele não é do que aquilo que Ele realmente é.

WUNIBALD MÜLLER: Daí que, em tudo o que dissermos a respeito de Deus, devemos sempre refletir. Movemo-nos sobre a *via negativa*, sobre um caminho no qual o que dizemos a propósito de Deus está muito distante do que Deus deveras é, o que não nos deveria impedir de tentar descrever Deus também com o auxílio de metáforas, imagens e símbolos. No entanto, devo certamente admitir que eu, quanto mais velho fico, menos interessado estou em descrever ou em explicar Deus. Isto está relacionado, acima de tudo, com o fato de que quanto mais as experiências da vida têm me levado à profundidade de mim mesmo, mais consigo experimentar Deus presente em minha vida; ora mais, ora menos conscientemente, experimento Deus entretecido em meu quotidiano. Nesse sentido, minha oração é expressão e tomada de consciência deste entretecimento e desta ligação com Deus.

Experimento isso como algo benéfico e como grande enriquecimento. Esta experiência carrega-me, concede-me firmeza e orientação. Uma sensação de segurança e de confiança cresce em mim a partir daí. No caso, vivo e experimento-me como parte de algo maior. Experimento Deus não apenas em mim, mas sinto-me como que absorvido por Deus. A partir dessa experiência, tento viver e modelar meu dia a dia.

ANSELM GRÜN: Para mim, igualmente, a questão central não é como posso descrever Deus, mas como posso experimentá-lo. Gostaria não simplesmente de crer, mas também de experimentar o que creio. Nesta busca, atenho-me, naturalmente, ao meu santo patrono, Santo Anselmo de Canterbury, que descreveu seu programa teológico como *fides quaerens intellectum*, "a fé em busca de entendimento", que poderia também ser traduzido assim: "A experiência de fé que busca entendimento, que procura compreender a si mesma".

Consequentemente procuro, entretanto, falar sobre a experiência e a não experiência de Deus, mas falar de tal maneira que não me coloco acima de outras pessoas, como se tivesse experimentado Deus mais do que elas, mas com toda humildade. Somos sempre buscadores e indagadores no caminho para Deus. Contudo, temos também a possibilidade de sempre experimentar Deus. A partir de minha experiência, procuro compreender as experiências das outras pessoas, e mostrar àquelas que pensam jamais ter experimentado Deus que elas, frequentemente, experimentaram Deus inconscientemente.

Ao encontrar Deus, encontro a mim mesmo

WUNIBALD MÜLLER: Ainda preciso desfazer-me de uma ressalva. Tenho problemas de falar *sobre* Deus. Aqui, sinto-me aparentado a Martin Buber, para quem Deus jamais podia tornar-se objeto, tema de uma conversa. O teólogo protestante Paul Tillich (1965: 52) conta que, nos diálogos que mantivera com Martin Buber, teria acontecido algo que, no fim das contas, era mais importante do que o próprio diálogo: o encontro com uma pessoa "cujo ser inteiro estava marcado pela experiência da presença divina. Ele estava, como se poderia dizer, 'possuído por Deus'. Na presença de Martin Buber, Deus jamais se tornaria um 'objeto'".

Aqui, tornam-se claras as possibilidades de nosso diálogo, ao mesmo tempo, porém, seus limites. Não sei quem é Deus. No entanto, estou certo de Deus. Pressuponho Deus. O fato de eu ser pressupõe-me Deus. Por conseguinte, não posso falar sobre Deus objetivamente, abstratamente. Para mim, Ele não é nenhum objeto de dúvida, mas, sim, como no caso de Martin Buber, pressuposição – nem que seja para a dúvida sobre Ele. Contudo, aí reside a oportunidade de um diálogo com as leitoras e os leitores que duvidam de Deus ou que o negam.

ANSELM GRÜN: Para mim, a pergunta sobre Deus está sempre ligada à pergunta sobre mim mesmo. O jesuíta Anthony de Mello disse certa vez: A mística não significa apenas indagar "Quem é Deus?", mas também perguntar: "Quem sou eu mesmo?" Quando eu faço repetidamente a pergunta "Quem sou eu?", essa pergunta me leva também, finalmente, a Deus, razão de minha vida.

Estou profundamente convencido de que não alcanço meu verdadeiro si-mesmo se não considero Deus como a razão e a origem do si-mesmo. C.G. Jung também tinha essa convicção. Segundo ele, o si-mesmo sempre inclui a imagem de Deus. Somente encontra o si-mesmo aquele que também admite em si a imagem de Deus.

WUNIBALD MÜLLER: Isso me faz lembrar Thomas Merton (1951: 28), quando dizia que eu só consigo deveras conhecer-me, também no que tange à minha profunda vocação e destino, quando tiver descoberto Deus: "Se o encontro, então encontro a mim mesmo, e se encontro meu verdadeiro eu, então o encontrarei". No entanto, isso também significa que eu, por fim, jamais conhecerei a mim mesmo, exatamente como jamais conhecerei a Deus.

Ao mesmo tempo, porém, isso também significaria que as pessoas que não se interessam por Deus, e muito menos por reconhecê-lo, não conhecem algo essencial de si mesmas. Contudo, não seria generalizar demasiadamente? Será que isso não soa possivelmente arrogante? Ou permanece um desafio que as pessoas não interessadas em Deus podem ou não colocar-se?

ANSELM GRÜN: Eu enfatizaria a afirmação de Thomas Merton. Todavia, eu seria prudente no que diz respeito à divisão entre pessoas que se interessam por Deus e aquelas que não estão interessadas nele. Não podemos deduzir o interesse de uma pessoa por Deus imperativamente a partir de seu credo.

Para mim, um critério decisivo para saber se alguém está interessado em Deus é que ele tenha sensibilidade para o mistério que é maior do que ele próprio, que esteja constantemente em busca da verdade. Mesmo que não expresse sua busca pela verdade com nossas palavras a respeito de Deus, ele está, no entanto, no caminho para Deus, está, no final das contas, interessado em Deus. Quem, porém, ocupa-se somente com dinheiro, sucesso e sexo, verdadeiramente passa ao largo de seu ser. O ateísmo materialista nega ainda a dignidade do ser humano.

Deus como palavra atuante do relacionamento

WUNIBALD MÜLLER: Acho absolutamente importante não considerar, nem tampouco julgar, a busca de uma pessoa por Deus, ou seu interesse em Deus, a partir de nossa compreensão ou de nossa fala a respeito de Deus. Algumas pessoas que são muito mais reservadas e cuidadosas com noções como Deus ocupam-se dele de modo mais intensivo e sério do que aquelas que falam de Deus sonoramente, ostensivamente e, por vezes, também, dogmaticamente.

Eis que também surge a questão do que a palavra Deus ainda significa para as pessoas de hoje, e de se, para elas, outras palavras não descrevem e contêm antes aquilo que se quer indicar com Deus. O teólogo evangélico Paul Tillich tentou encontrar outros termos para o nome Deus. Assim, ele traduz Deus por *ultimate reality* ['realidade definitiva'] ou *unconditional concern* ['interesse incondicional'], portanto, por "aquilo que, no final das contas, nos diz respeito". Nisso ele deparou-se com grande resistência da parte de Martin Buber, para quem haveria algumas palavras de tal sorte originárias que não poderiam ser substituídas por outros termos. Dentre elas, em sua opinião, estariam palavras como Deus. Paul Tillich deu-lhe razão e, em suas pregações, não mais utilizou perífrases para Deus.

Isto me agrada e, para mim, está correto. Contudo, sei muito bem que há pessoas que são de outra opinião quanto a esse assunto, que não falam de Deus, que até mesmo se irritam quando outros o fazem. Aqui, devo e quero permanecer fiel a mim mesmo. Entretanto, creio possuir suficiente tolerância e abertura para aceitar os outros, de boa vontade, quando usam outras palavras, quando preferem outros conceitos e imagens, a fim de exprimir o que entendem por Deus. No entanto, eu também espero que me seja concedido o mesmo. Recordo-me de uma conferência para conselheiras e conselheiros, os quais, no final de minhas exposições, caíram literalmente em cima de mim, questionando-me como é que eu podia atrever-me a falar de Deus com tanta naturalidade. Tentei compreendê-los e, no caso, percebi que para algumas pessoas a educação religiosa estava fortemente marcada por uma imagem de Deus que enxergava nele antes de mais nada o Deus punitivo e inibidor da vida. A simples menção da palavra Deus, ou citações do Antigo Testamento, por exemplo, traziam à luz feridas antigas, ainda não cicatrizadas.

Este é um aspecto que exige sensibilidade e atenção ao que minha fala a respeito de Deus e o uso que faço da palavra Deus desencadeiam nos outros. A outra questão é se o vocábulo Deus sobreviveu ou se não foi sobrecarregado.

ANSELM GRÜN: Conheço a discussão segundo a qual a palavra Deus estaria tão desgastada que se deveria dar adeus a ela por um tempo. No entanto, neste ponto, fico com Peter Schellenbaum. Deus, na opinião de Schellenbaum, é uma palavra atuante. Deus quer realizar algo em mim. Ele deseja transformar meu eu no si-mesmo, "em uma personalidade abrangente e central" (SCHELLENBAUM, 1989: 28). O antigo termo germânico para Deus significa "o que é convocado, aquilo que alguém chama para si, o conjurado" (p. 29). Ninguém pode pronunciá-lo sem que, com isso, algo não seja despertado em si.

Para Schellenbaum, Deus é "a palavra atuante do relacionamento". Deus faz algo movimentar-se em mim. Ele coloca meu eu em contato com algo inexprimível e apenas intuído. Por essa razão, Schellenbaum pleiteia a conservação da palavra Deus. Com efeito, o falar de Deus obriga-me a perceber a realidade de maneira nova e a desenvolver dimensões importantes de minha psique.

Diversas pessoas têm medo de enfrentar o poder de palavra tão atuante como Deus. Preferem reificar o discurso de Deus e desenvolver uma teologia dogmática, em vez de deixar-se colocar em movimento por Deus. Constroem para si uma teologia objetiva, a fim de evitar o questionamento provocado por Deus. Assim, sua espiritualidade não conduz absolutamente à vida, mas ao encolhimento e à perda do relacionamento. Fazem mau uso de Deus a fim de evitar um relacionamento mais profundo consigo mesmas e com os demais.

WUNIBALD MÜLLER: Às vezes percebo isso entre teólogos, ou descubro-o também em documentos eclesiásticos oficiais: ali, Deus é codificado, analisado, dissecado. Sobra pouca coisa de seu poder atuante. No caso da primeira encíclica do Papa Bento XVI, *Deus caritas est*, "Deus é amor", foi diferente. De modo muito impressionante, formula Bento XVI: "Mas, se na minha vida negligencio completamente a atenção ao outro, importando-me apenas com ser 'piedoso' e cumprir os meus 'deveres religiosos', então definha também a relação com Deus. Neste caso, trata-se de uma relação 'correta', mas sem amor. Só minha disponibilidade para ir ao encontro do próximo e demonstrar-lhe amor é que me torna sensível também diante de Deus."

Então a palavra Deus transforma-se em palavra atuante. Deus, assim, não é empacotado em teorias e abusado em ideologias. Deus torna-se, portanto, uma força, uma força que nos encoraja a dispor-nos ao amor, a voltar-nos para nossos semelhantes, a entregar-nos à sua dinâmica no processo de nossa humanização.

2
Deus existe?

Justificar a fala sobre Deus diante da razão

WUNIBALD MÜLLER: Em tom de brincadeira, a busca de Deus poderia ser comparada à situação na qual alguém completamente cego busca um gato totalmente preto em um quarto escuro como breu que não está ali de forma alguma. Em seu romance *Der Kranz der Engel* [A coroa dos anjos], Gertrud von le Fort alude a esta piada, mas acrescenta: "O gato, porém, está, sim, lá dentro, pois cada um do lado de cá vive da força do lado de lá".

A pergunta se Deus, em todo caso, existe, é uma pergunta que muitas pessoas se fazem, que muitos já se fizeram e certamente também – assim o espero – continuarão a fazer-se. Pouca coisa posso dizer a esse respeito. Apenas anoto que, quando leio o que alguns neurocientistas dizem quanto a isso, sinto certo mal-estar. Eles procuram fazer afirmações sobre Deus, vale dizer, sobre sua não existência, as quais partem de uma compreensão segundo a qual Deus poderia ser demonstrado química ou fisicamente, ou provar sua não existência.

Assim, o neuropsicólogo Michael Persinger (cf. TRUTWIN, 2009: 129) julga apresentar a prova de que a fé em Deus outra coisa não seria senão o resultado de uma hipersensibilidade patológica do cérebro. Para ele, experiências religiosas e místicas são apenas resultado de funções neurológicas na região do lobo temporal, que podem ser comprovadas artificialmente no laboratório. Tais experimentos despertam a impressão de que "os pesquisadores pretenderiam compreender melhor um concerto para piano de Mozart à medida que analisam categoricamente o efeito de sua música no cérebro, ou explicar uma obra de arte literária ao analisarem as reações químicas na cabeça durante a leitura" (2009: 129).

ANSELM GRÜN: Fico sabendo, por meio de congressos, e descubro na literatura que a pesquisa neurológica fascina sempre mais as pessoas. Contudo, quando falamos com neuropesquisadores, eles próprios reconhecem que a pesquisa neurológica não pode absolutamente pronunciar-se sobre a existência de Deus.

As afirmações sobre Deus situam-se em outro plano. A neurociência pode pesquisar apenas a ressonância dos sentimentos religiosos no cérebro. Ela mesma, porém, não consegue dizer o que vem primeiro: o sentimento, que se expressa no cérebro, ou a reação química no cérebro, desencadeada por um sentimento. Ambos estão intimamente relacionados.

Na neurologia, fascina-me o fato de que hoje a ciência confirma experiências que monges já fizeram há 1.600 anos: nossos pensamentos influenciam o corpo. Os monges sabiam que a Oração de Jesus, que ligamos à respiração, não impregna somente nosso pensar e nosso sentir, mas também beneficia nosso corpo, que muitas vezes pode ter um efeito sanativo em estilos de vida perniciosos. A esse respeito, ainda haveremos de falar mais detalhadamente mais tarde.

Deus não é o tapa-buracos a que recorremos quando já não conseguimos prosseguir com métodos científicos. A linguagem a respeito de Deus acha-se num patamar diferente daquele da linguagem científica. Por conseguinte, não vejo contradição alguma entre neurociência e teologia. Como teólogo, é inteiramente propício compreender algo da física, da biologia, da psicologia e igualmente da pesquisa neurológica, a fim de que não falemos ingenuamente sobre Deus, mas que nosso discurso sobre Ele possa também justificar-se perante a razão.

WUNIBALD MÜLLER: Obviamente é o que pensam também diversos cientistas, entre os quais muitos que acreditam em Deus. Estou de acordo como você de que nosso discurso sobre Deus deva poder justificar-se perante a razão. Apraz-me quando Hans Küng (1992: 22) descreve a fé do ser humano como "uma confiança fundamentada e, nesse sentido, racional". Tal confiança, por certo, não dispõe de provas cabais, mas de boas razões. "É, pois, como uma pessoa que, depois de algumas dúvidas, entrega-se a outra pessoa no amor: no fundo, não tem fortes argumentos para sua confiança, no entanto – quando não se trata de um 'amor cego' fatal –, não lhe faltam boas razões".

ANSELM GRÜN: Os primeiros cristãos foram difamados por diversos representantes da sociedade romana como ateus porque eles não falavam de modo tão ingênuo a respeito de Deus como o fazia o culto imperial romano. No discurso do areópago, colocado por Lucas nos lábios de Paulo, o autor dos Atos começa o diálogo com o estoicismo, filosofia crítica da religião. A filosofia estoica criticava a crença ingênua em Deus tal como era defendida na piedade popular e nos mitos daquele tempo.

Lucas retoma essa visão: "O Deus que fez o mundo e todas as coisas que nele existem. Sendo o Senhor do céu e da terra, não habita em santuários feitos por mãos de homens, nem por mãos humanas é servido, como se necessitasse de alguma coisa aquele que dá a todos a vida, o alento e todas as coisas. Pois não está longe de nenhum de nós. É nele que vivemos, nos movemos e existimos, como alguns de vossos poetas disseram: " Porque somos todos também sua raça" (At 17,24-25.27-28).

Lucas confirma a imagem de Deus do iluminismo grego. Sua imagem de Deus pode suportar o julgamento da razão e, ao mesmo tempo, está aberta à mística que, antigamente como hoje, move as pessoas. Deus é incompreensível, invisível, no entanto, está também em nós. Somos de sua raça. Quem e o que Deus é reconhecemos também à medida que consideramos e avaliamos de maneira correta as pessoas.

Deus permanece sempre intuicionante

WUNIBALD MÜLLER: Sim, Deus é incompreensível, invisível, entretanto, está em nós. Conforme o livro do Eclesiastes, do Antigo

Testamento, Deus colocou em nós a eternidade. Se Deus está em nós, o âmbito de nossa vivência e experiência é ampliado para uma nova dimensão. Em 1916, o filósofo Ludwig Wittgenstein anotava em um caderno: "Ao sentido da vida, ou seja, ao sentido do mundo, podemos chamar de Deus". Acho isso interessante, posto que também seja uma limitação de quem Deus é. Quando Wittgenstein chama de Deus o sentido da vida, abre-se uma dimensão que arrebenta a dimensão "mundo" e também a dimensão "razão", nas quais, exclusivamente, não podemos encontrar o sentido de nossa vida.

ANSELM GRÜN: Karl Rahner, que foi meu orientador de tese doutoral e a quem continuo a apreciar muito como teólogo, tentou expressar que nós, em cada pensamento, ultrapassamos o que é encontradiço e, no final, ponderamos a transcendência. Todo ato do pensamento excede o objeto concreto do pensamento e o eleva até Deus.

Para muitos, isso talvez soe demasiado abstrato. Para mim, no entanto, a abordagem de Karl Rahner ainda é importante hoje: quando pensamos corretamente, no final das contas Deus está incluído nesse pensamento. Por conseguinte, é decisivo que não falemos simplesmente sobre Deus, como se tivéssemos o conhecimento exato, mas que pensemos retamente, conforme Karl Rahner nos demonstrou, e, em nosso pensamento, quando o pensamos até o fim, deparemo-nos com o mistério de Deus.

WUNIBALD MÜLLER: Isso é o que também deveríamos deixar Deus permanecer e ser: um mistério. Aqui, agrada-me o que Martin Buber (1923: V) escreve sobre o mistério: "Sou o lado escuro da lua; vocês sabem de minha existência, mas o que vocês estabelecem para o lado luminoso não vale para mim. Sou o resto da equação, o qual não se resolve; vocês podem assinalar-me com um sinal, mas não podem dissolver-me".

Enquanto alguém pretender explicar, definir Deus, constantemente se deparará com limites. De fato, Deus não é assim como uma coisa. Deus permanece sempre intuicionante. No tempo em que passei uma semana na África, quando saía ao ar livre, ao amanhecer, às vezes tinha a sensação de que Deus estava mais perto de mim do que de costume. Eu sentia a presença de um "nume", como diria C.G. Jung. A partir de meu pano de fundo religioso, eu o denominaria Deus. Caso jamais tivesse ouvido falar de Deus, presumivelmente eu teria feito a mesma experiência, descrevendo-a, porém, diferentemente.

ANSELM GRÜN: Tal me aconteceu certa vez quando fui dar um passeio pelo bosque. De repente, aconteceu um sussurro do vento que imediatamente me envolveu no mistério. Senti esse murmúrio como o sopro do Espírito Santo. Reinava uma atmosfera muito densa. Eu só podia descrevê-la para mim como me sentindo completamente envolvido e rodeado por Deus.

Então compreendi por que Lucas descreveu a vinda do Espírito Santo, em Pentecostes, como uma tempestade. Se eu sentir não apenas o vento e não somente a violência da tempestade, mas também o que eles contêm, então intuo a ação de Deus, sinto-me tocado por Deus.

“Provavelmente, Deus não existe. Então, pare de se preocupar...”

WUNIBALD MÜLLER: Para nós, a fé em Deus, a experiência de que Deus existe e de que Ele atua em nossa vida representam um grande enriquecimento para nossa existência terrena. Outros veem isso de maneira francamente diversa: “Provavelmente, Deus não existe. Então pare de se preocupar, e aproveite a vida”. Com este *slogan* ateísta, no início de 2009, circulavam cerca de 800 ônibus na Grã-Bretanha e em outros países. Na Alemanha planejou-se algo semelhante.

Uma mensagem consoladora? Assim ressoa, inicialmente. Com isso, sugere-se que a vida seria menos complicada, mais alegre, caso Deus não existisse. Aqui, Deus é visto antes como um poder que pretende atrapalhar nossa vida, que quer estragar as alegrias da vida. Uma concepção que conheço, em parte, quando penso em minha educação religiosa, mas que, entretanto, tornou-se completamente estranha para mim.

Deus, hoje, em minha concepção, representa uma força que quer o meu bem, que está interessada em que eu floresça, em que eu viva realmente. Irineu de Lião diz: A glória de Deus é o ser humano vivente. Isso é o que Deus quer: que eu viva, que eu admita, em minha existência, a vida com que ele me agraciou. Que eu contribua ao máximo para sua glória, quando vivo minha vida em sua plenitude possível.

ANSELM GRÜN: Depois que a psicologia renunciou ao seu ceticismo em relação a Deus e – na esteira de C.G. Jung e da psicologia transpessoal – falou da ação sanativa de Deus na psique humana, hoje surge novo ateísmo que, com frequência, demonstra-se muito agressivo.

O ateísmo de um Stephen Hawking pretende demonstrar que as religiões seriam as culpadas de todas as guerras. Sem religiões, tudo seria mais pacífico no mundo. Isso vai na mesma direção daqueles cartazes nos ônibus. Sem Deus, tudo seria mais pacífico sobre a terra e as pessoas seriam mais felizes. Contudo, esta é uma declaração autopreservadora que não está absolutamente comprovada. Ao contrário: sem Deus, não haveria ateus. Efetivamente, os ateus precisam negar Deus. Se não existisse Deus, não haveria necessidade de ateus que giram continuamente em torno das ideias sobre Deus.

WUNIBALD MÜLLER: Se entendo bem, aqui não se trata apenas da questão de se Deus existe ou não. Mesmo que Ele exista, alguns optam conscientemente por ficar contra Ele, porque através dele ou das religiões que apelam para Deus teria havido muito sofrimento, injustiça, até mesmo guerras em nosso mundo. É óbvio que religiões podem e devem ser responsabilizadas por isso. Todavia, que isso tenha algo a ver com Deus para mim é outra história. Aqui, Deus é cobrado, também pelas religiões – respectivamente, por alguns representantes e delegados –, por algo que nada tem a ver com Ele.

Nesse ponto, torna-se especialmente claro, para mim, como certas concepções humanas de Deus estão tão infinitamente distantes do que, no fundo, constitui Deus. Não raro, tais reflexões exteriores abstratas sobre Deus degeneram em ideologia. Para aquele que encontrou Deus a partir de sua própria profundidade, isto tem pouco a ver com Deus.

Eu compreendo bem, portanto, aquele que nega ou rejeita Deus devido ao fato de sua imagem, sua concepção de Deus, fundamentar-se nessas elucubrações exteriores ou nessas distorções sobre Deus pelas quais, em parte, as próprias religiões devem ser também responsabilizadas. Contudo, desejo que ele, por esse motivo, não se impeça de pelo menos estar aberto para encontrar o "verdadeiro" Deus que, em minha opinião, só pode ser encontrado na própria profundidade.

No sonho não existem ateus

ANSELM GRÜN: C.G. Jung disse, certa vez, que não existem ateus no sonho, pois a sabedoria da alma traz consigo símbolos e imagens de Deus. Ele fez a experiência de que nenhum de seus pacientes acima de 35 anos provou verdadeira cura sem ter-se confrontado com o tema de Deus e da religião. A esses ateus modernos, Jung responderia: "Vocês pensam apenas com o intelecto, passando por cima da verdade da alma. No entanto, quem ignora a verdade da alma torna-se inquieto e, por fim, neurótico".

A agressividade do ateísmo hodierno mostra claramente que ele se volta contra a sabedoria da alma e, por conseguinte, precisa de tantos fundamentos racionais a fim de desvalorizar e rechaçar o conhecimento da alma. Tenho a impressão de que os ateus precisam tornar-se apresentáveis neste mundo. Por isso é que se mostram tão autoconfiantes.

WUNIBALD MÜLLER: Diversos ateus são ateus porque não podem, absolutamente, ser outra coisa. Estão convencidos disso e precisam ser assim em favor da própria integridade. A partir de minha experiência pessoal de vida e de minha profissão como psicoterapeuta, não estou tão interessado em questionamentos filosóficos ou teológicos, se Deus agora existe ou não, a ponto de considerar isso importante e legítimo.

Para mim, o decisivo é saber que significado minha fé ou, até, minha não fé em Deus assume no domínio dos questionamentos e experiências existenciais de minha vida. Neste caso, penso na discussão sobre o sofrimento pessoal, a angústia existencial, a solidão existencial, a efemeridade e a morte.

Concordo com Wittgenstein quando, em seu *Tractatus logico-philosophicus*, no que concerne à questão sobre a existência de Deus, escreve: "Sentimos que, mesmo se todas as questões científicas possíveis fossem resolvidas, nossos problemas vitais ainda não seriam de forma alguma tocados". Aqui, a questão sobre Deus é, portanto, trazida à banalidade do cotidiano, à realidade de nossa vida. Assim, experimento algo de Deus mediante pessoas simples, consigo perceber e descobrir Deus na vida delas.

Confiar na sabedoria da alma

ANSELM GRÜN: Na discussão com os jovens, muitas vezes escuto o seguinte argumento: "Deus não existe. Tudo não passa de imaginação, a fim de que as pessoas possam lidar melhor com o sofrimento. No entanto, precisamos apenas administrar o sofrimento". É óbvio que existe algo de verdade neste tipo de argumentação. Se Deus é ou não imaginação, no final das contas não podemos demonstrar. Devemos optar por uma variante.

Contudo, a partir desse argumento, frequentemente ouço dizer que os jovens desejam, eles mesmos, planejar e controlar a própria vida. Têm medo daquilo que possa agitar sua construção mental. Receiam o imponderável, o não calculável. Gostariam de controlar a própria vida. Isto é legítimo. No entanto, muitas vezes sinto algo crispado nesse esforço.

Logo, a negação de Deus é, com frequência, uma tentativa de assumir o controle da própria vida. Com isso, pretende-se escapar ao medo do mistério, o medo do que não é projetável. No entanto, quanto mais pretendo evitar o medo, mais ele me envolverá. Por conseguinte, aqueles que assim argumentam precisam buscar sempre novas justificativas para seu ateísmo, porque a sabedoria da alma não encontra fundamento algum para isso.

WUNIBALD MÜLLER: Quer dizer, então, que a sabedoria da alma revolta-se contra isso? Se for assim, poderíamos confiar, pois, que em algum momento a verdade da alma vai se impor, vai encontrar o lugar, a situação na vida de uma pessoa em que vai despontar a intuição de que existe um poder mais elevado: Deus. Quando penso em pessoas como Marcel Reich-Ranicki, ou no psicoterapeuta e escritor Irvin Yalom, a quem muito aprecio – ambos são judeus que se entendem como ateus declarados –, tenho minhas dúvidas quanto a isso.

Não concordo com eles, mas eles me ensinam, fazem-me lembrar de falar ainda mais cuidadosa e humildemente de Deus. Isso faria bem igualmente às igrejas e a nossos pregadores. De um lado, isso vale para nossas experiências de Deus, as quais permanecem obscuras, tenebrosas, incompreensíveis e – graças a Deus – misteriosas. De outro, vale ainda mais para aquele discurso de e sobre Deus, pelo qual fazemos Deus responsável por algo, ou declaramo-lo encarregado de algo. Estamos, afinal, tão distanciados de Deus que tudo o que dizemos dele não passa de um balbucio que, muitas vezes, resume-se à especulação e à tentativa inútil e ineficaz de expressar algo a respeito de Deus.

ANSELM GRÜN: Por certo o ateísmo é um desafio constante para aqueles que acreditam em Deus. Justamente durante o Concílio Vaticano II, os trapistas, que erigem sua vida completamente na busca de Deus, redigiram uma carta na qual enxergam o ateísmo como um perigo constante também para os que creem. Quem busca a Deus, deve também questionar-se constantemente se tudo não é imaginação. Precisa perguntar-se, uma e outra vez, o que ele quer dizer quando fala de Deus.

A Bíblia descreve como o ser humano relaciona-se com seu semelhante e com Deus

WUNIBALD MÜLLER: A pergunta sobre Deus desempenha um papel também na discussão de como surgiram o mundo e o ser humano. Se tem razão a Bíblia ou Darwin. Onde é que Deus entra nessa história. James Watson, que há mais de 50 anos, com o DNA, previu a estrutura misteriosa de toda vida sobre a terra, perguntou: “Quem criou o genial código genético e a maravilhosa molécula em forma de escada espiral, se não existe um tipo de deus? O que é, pois, a origem da vida?”, para então responder: “A algumas perguntas não se pode mesmo responder [...] aprenderemos mais sobre o ser humano observando os chimpanzés do que lendo a Bíblia” (apud WORNSER, 2003).

Existem diversos caminhos e acessos para se saber algo sobre a origem do ser humano, entre os quais a pesquisa científica e a Bíblia. Uma não exclui a outra. A Bíblia é, entre outras coisas, também uma coleção de mitos, do material que pertence à história da humanidade, um tipo de sabedoria coletiva acumulada, um saber profundo. Por isso, ler a Bíblia significa também obter um aprofundado conhecimento sobre o ser humano e sua origem – da qual muitas vezes não temos consciência –, conhecer camadas mais profundas do nosso ser, intuir a relação do ser humano com a divindade.

ANSELM GRÜN: Na história da criação, a Bíblia fala do ser humano de maneira muito mítica. É claro que ela não nos diz muito acerca da história do surgimento do ser humano, sobre sua biologia e a respeito das estruturas de seu cérebro. Contudo, ela nos diz algo essencial sobre sua psique. Ela nos alerta de que o ser humano está arraigado no cosmos, mas que gostaria de ultrapassar sua humanidade e ser como Deus. Esta é a tentação primordial do ser humano.

Mais adiante, em diversas histórias, a Bíblia descreve como o ser humano se comporta com seu semelhante e com Deus. Em tal descrição, ela não embeleza o ser humano, mas o retrata em toda a sua profundidade. No entanto, reiteradamente lemos também na Bíblia como este ser humano dilacerado, que se alimenta de inveja e de ódio, transforma-se quando se confia a Deus, o qual é a autêntica terapia do ser humano. Assim nos mostra o Antigo Testamento. O Novo Testamento retoma este tema. Ali é o próprio Jesus quem cura os doentes. No encontro com Jesus, eles são libertados de formas de vida doentias, de demônios, de compulsivas manias de grandeza, de complexos e de medos interiores.

WUNIBALD MÜLLER: O ponto aonde quero chegar é o seguinte: como crentes, por mais que estejamos convencidos de que em nossas Sagradas Escrituras percebemos a voz de Deus, não devemos esquecer, porém, de que aí não se trata de um esquema, de um modelo rígido. Quem entende assim a Bíblia desconhece sua verdadeira intenção.

A Bíblia pode nos ajudar quando nos acostumamos a escutá-la, tornando-nos mais atentos, mais sensíveis ao grande mistério a que denominamos Deus. Todavia, ela também representa sempre uma não mais que inadequada tentativa de apresentar e de transmitir Deus naquilo que finalmente o constitui. Definitivamente, trata-se de uma tentativa, entre muitas outras, a que se atribui importância particularmente grande. O 4º Concílio de Latrão formula-o muito apropriadamente, quando diz: “Cremos e confessamos [...] que existe uma realidade altíssima, até mesmo incompreensível e inefável, que é verdadeiro Pai, Filho e Espírito Santo”.

Deus pode falar-me a partir da Bíblia – como pode falar também por meio do meu mais profundo interior e por um estranho. Para mim, isto é importante. O que a Bíblia me diz sobre a origem da terra e da criação, portanto, como isso decorreu exatamente, tem para mim importância bem pequena, se é que tem, em todo caso, alguma importância. Também porque não se trata absolutamente disso. É questão de em tudo e por trás de tudo sentir a ação e a criação dessa força misteriosa que chamamos Deus, encorajando e estimulando-nos a abrir espaço para todo o explicável e todo o inexplicável.

3
Imagens de Deus que nos marcam

O que minha imagem de Deus tem a ver com o verdadeiro Deus?

WUNIBALD MÜLLER: Em nosso diálogo, já entramos nas imagens que temos de Deus. Presumivelmente, todos nós trazemos determinadas imagens de Deus em nós. Imagens que nos foram transmitidas por nossos pais, nas aulas, por parte da religião a que pertencemos, seja a imagem de que Deus nos controla e quer diminuir-nos, seja a imagem de Deus como o Pai misericordioso, o que é, para mim, uma autêntica imagem de Deus.

Parece que precisamos ir adiante sem tais imagens de Deus, por mais que isso possa ter um objetivo no desenvolvimento de nossa espiritualidade. Reconhecemos que elas podem ser apenas pálidas e vagas indicações sobre Deus e seus atributos. Uma vez que as imagens de Deus que temos podem nos marcar fortemente, e nossa concepção e nossa postura podem ser determinantes para nós e para as pessoas com quem nos relacionamos, é também decisivo, naturalmente, que imagem temos de Deus.

Daí resultam diversos questionamentos, por exemplo: O que minha imagem de Deus tem a ver com o verdadeiro Deus? O que sei eu a respeito do verdadeiro Deus? A partir do que reconheço que minha imagem de Deus tem algo a ver com o verdadeiro Deus? Assim, ousamos entrar nesses questionamentos, com os quais devemos confrontar-nos e que frequentemente nos ocupam em nossa orientação como psicoterapeuta ou como orientador espiritual.

ANSELM GRÜN: No acompanhamento espiritual, com frequência percebo que as pessoas estão marcadas por imagens negativas de Deus. Ali aparece a imagem do Deus punitivo. Muitas vezes, tais pessoas carregam em si uma tendência de autopunição. O trabalho que envolve a imagem de Deus é, pois, sempre também um trabalho da autoimagem. Em vez de punir a si mesmas, essas pessoas deveriam aprender a acolher a si mesmas e saber-se acolhidas por Deus. Ou então tem-se a imagem do Deus-juiz. Para muitos, isto direciona a uma autoimagem que as leva a julgar-se e a condenar-se continuamente, e a tudo avaliar e observar em si mesmas.

Outros trazem em si a imagem de um Deus controlador, que tudo vê, que é o prolongamento do braço do pai. Frequentemente esta imagem conduz a que as pessoas receosamente controlem tudo em si mesmas. Vivem o medo de que não possam controlar seus sofrimentos e paixões. Muitas vezes oculta-se por trás disso uma autoimagem muito negativa: tudo é mau em mim, por isso devo controlá-lo, a fim de que não tenha qualquer efeito destrutivo exteriormente. Contudo, a tentativa de manter tudo em si sob controle malogra na maioria dos casos. De algum modo, toda a vida sai do controle.

Que experiências fazes tu com tais imagens de Deus, e como podes lidar com elas sem que aborreçam, mas apontem para algo essencial, para as leis de nossa psique e de nosso mundo?

WUNIBALD MÜLLER: Em minha sala de aconselhamento, tenho pendurado um quadro de Rembrandt, no qual está retratado o filho perdido, acolhido amorosamente em casa pelo pai. Às vezes, peço às pessoas a quem acompanho para lançarem um olhar sobre esse quadro. Acima de tudo, as pessoas que têm dúvidas ou não podem conceber que Deus as acolha incondicionalmente.

Tais pessoas, muitas vezes, carregam no coração uma imagem de Deus a que se opõe diametralmente esta imagem de Deus como pai misericordioso. Elas não apenas trazem em si essa imagem de Deus, mas também experimentam Deus como uma força que torna suas vidas um inferno, sobrecarregam-nas com os mais pesados remorsos, seja, por exemplo, porque são homossexuais, seja porque transgrediram normas eclesiásticas, seja porque não corresponderam às expectativas dos pais ou dos superiores.

Em tais casos, é muito difícil passar uma imagem de Deus que compreenda Deus como uma força, um interlocutor pessoal, que a ninguém despreza nem julga. Aqui não basta falar do Deus bom e misericordioso. No caso, é importante que as pessoas, mediante o encontro com outras pessoas que as amam incondicionalmente, façam a *experiência* de serem amadas incondicionalmente. Elas precisam fazer uma experiência que suprima e demonstre como já não são válidas as outras experiências antigas, nas quais elas não se sentiram amadas sem restrições. Isso pode durar muito tempo e envolve muitas contradições, até que, talvez, porém, no final, o amor incondicional do terapeuta ou de outra pessoa penetre-lhes o coração, até que o amor deles chegue até elas, que o amor encontre amor, e o amor da pessoa que se sente não amada seja desatado e libertado, de modo que possa fluir e voltar a viver. É o poder do amor, que aqui consegue operar "maravilhas".

Este seria um exemplo de como tento contribuir para completar – e, ocasionalmente, também substituir – uma por assim dizer imagem negativa de Deus por uma imagem de Deus positiva.

ANSELM GRÜN: Por mais que devamos desfazer essas imagens negativas de Deus, a fim de que o ser humano possa ser plenamente humano, em cada uma dessas imagens, porém, esconde-se também um cerne de verdade. Se apagarmos simplesmente tais imagens, então corremos o risco de formarmos imagens de Deus demasiadamente inofensivas, que nos são agradáveis. Nesse sentido, porém, não fazemos justiça nem à natureza de Deus nem à nossa própria vida, com suas contradições.

A arte consistiria em redescobrir o núcleo de verdade e a dimensão terapêutica dessas velhas imagens de Deus, descrever de tal maneira tais imagens de modo que nos possam conduzir à vida e à verdade.

Deus como juiz

WUNIBALD MÜLLER: Quer dizer que, sem pretender agora reduzir Deus a esta ou àquela imagem – por exemplo, à do juiz rígido –, nesta imagem poder-se-ia expressar uma faísca da verdade sobre Deus, a qual não deveríamos ter demasiada pressa em afastar? Começo a compreender. Ou seja, nossa relutância, por exemplo, em falar também do Deus-juiz não nos deve levar tão longe a ponto de, agora, não falarmos absolutamente de Deus como juiz, porque as pessoas que estão unilateralmente marcadas por tal imagem de Deus devem encontrar, primeiramente, um acesso ao Deus que é misericordioso e que ama incondicionalmente. Justamente nas questões em torno da verdadeira culpa acho importante não negligenciá-la, mas levá-la a sério. No entanto, como você procede quando falas de Deus como juiz?

ANSELM GRÜN: Eu gostaria apenas de tentar esclarecer: durante muito tempo, jamais falei sobre o Deus-juiz, porque bastantes vezes reconheci o Deus-juiz como o Deus condenador em mim e nos fiéis. Todavia, que Deus seja juiz, que ele sempre endireite a vida de tal modo que as pessoas possam viver de maneira correta e justa, esta é absolutamente uma mensagem positiva. Deus não está desacordado.

Se deixarmos de lado a ideia do julgamento que nos espera na morte, então dificilmente podemos imaginar como o praticante do crime e a vítima possam conviver no céu. Ou nos tornamos rigorosos – todos os malfeitores devem aterrissar no inferno –, ou a vida se torna arbitrária: é completamente indiferente como vivo aqui, pois de todo modo todos chegaremos ao céu. Isto, porém, leva as vítimas à resignação: os perpetradores de crimes têm o mesmo destino que nós, as vítimas. A fim de que criminosos e vítimas possam conviver, precisam ser julgados, direcionados para Deus, orientados para o amor, para a verdade, para o perdão.

WUNIBALD MÜLLER: Isto me faz pensar involuntariamente no *Juízo final* de Michelangelo, na Capela Sistina, no Vaticano. Há alguns anos, fiz uma visita guiada e, em seguida, tive bastante tempo para deixar-me impressionar pela pintura. O inferno, o pânico, a atmosfera apocalíptica que são aqui introduzidos tocaram-me profundamente. A confusão total. O desespero. A precipitação. A tentativa de segurar-se, de elevar-se, de ser preservado da perdição. Até os rostos daqueles que são salvos estão marcados pelo horror do acontecimento.

Tais imagens e outras semelhantes marcaram profundamente o coração das pessoas e podem determinar também a imagem que elas têm de Deus e da justiça de Deus. Ali está o receio de, um dia, não poder ficar diante de Deus; ali, a esperança de que, pelo menos no final, a justiça seja feita, e receba a recompensa aquele que foi bom, e seja castigado aquele que foi mau.

ANSELM GRÜN: Quando estudei em Roma, frequentemente recebia visita de meus irmãos durante a Páscoa. Naquelas ocasiões, sempre os levava ao museu do Vaticano e, obviamente, à Capela Sistina. Ali sempre havia diversas pessoas diante das imponentes pinturas de Michelangelo. Ali está representado um Cristo diferente daquele que conhecemos na teologia antiga. É um Jesus vigoroso, mas também um Jesus cheio de ira contra as pessoas que se afastaram de Deus. É uma pintura revolucionária.

Eu interpretei como se Michelangelo, com isso, tenha protestado contra a absorção de Jesus através da Igreja. Ele não queria infundir medo nas pessoas simples, mas estimular os cristãos que se haviam instalado em sua fé. Às vezes é necessário essas outras perspectivas, a fim de que não subestimemos a fé e a vida. Maria precisa ao mesmo tempo apaziguar seu Filho, a fim de que Ele não julgue com demasiado rigor.

No entanto, não vejo apenas o aspecto ameaçador neste quadro, mas também o vigoroso. Michelangelo mostra Jesus não apenas cheio de vigor, mas também as pessoas em ambos os lados, tanto os condenados quanto os redimidos. Com isso, ele expressa que não se trata de eliminar a força das paixões, mas de transformá-las. No céu, não entram os ajustados e honestos, mas aqueles que permitiram suas paixões serem transformadas pelo Espírito de Jesus, que também está cheio de paixão, mas também pleno de transparência e de justiça.

Quando Deus se torna tirano

WUNIBALD MÜLLER: No aconselhamento, encontro pessoas que receiam Deus, que têm medo de Deus. Para elas, Deus é um tirano que as quer sempre subjugadas. Experimentam Deus como alguém que as controla, que as castiga, que deseja vingar-se delas. Possuem uma imagem de Deus que pode ter efeitos devastadores em suas vidas. Deus, aqui, transforma-se em um monstro a quem elas se sentem entregues impotentemente. A fim de agradá-lo, procuram realizar tudo o que, em sua opinião, Ele delas espera. Estão sempre atentas, vivem constantemente no pavor de não poderem comprazê-lo.

Em tais casos, é importante averiguar de onde provém esta imagem de Deus, quais experiências estão por trás dela, a fim de que, finalmente, após ajudar a pessoa em questão a desfazer-se de tal imagem de Deus, ela possa obter outra via de acesso a Deus. Com o tempo – e isso pode durar muito longamente –, reconhecer e, acima de tudo, experimentar Deus como alguém de quem não se deve ter medo.

Então Deus pode ser também o Deus que julga, que se empenha pela justiça. Seu poder judicativo, porém, vem acompanhado por sua acolhida incondicional. Sua meta não é simplesmente castigar alguém. Interessa-lhe muito mais a conversão sempre que nos desviamos do caminho que nos conduz à paz interior.

ANSELM GRÜN: Não posso viver arbitrariamente. É isto que se esconde como núcleo da verdade na imagem do Deus punitivo. Ou seja: a realidade reage ao meu comportamento. Quando vivo contra minha natureza, então meu corpo e minha alma rebelam-se. Quando como de maneira completamente desmedida e bebo descontroladamente, então meu corpo "castiga-me" com doença. Obviamente não devemos ver toda doença como castigo. Contudo, a imagem do Deus punitivo gostaria de alertar-nos para levar a sério a realidade, e não supor que poderíamos ajustá-la ao nosso próprio bel-prazer.

Reconhecemo-lo também em contextos mais amplos. A criação revolta-se contra uma excessiva emissão de gases que provocam o efeito estufa. O clima modifica-se. Hoje nos tornamos sensíveis ao fato de que não podemos tratar este mundo de acordo com nossas medidas, mas que devemos orientar-nos por ele e por suas leis internas. Do contrário, punimo-nos a nós próprios.

Não deves fazer nenhuma imagem de Deus

WUNIBALD MÜLLER: Na verdade, não deveríamos fazer-nos nenhuma imagem de Deus; no entanto, somos dependentes disso, ou devemos constatar que não nos desvencilhamos disso. Às vezes, as imagens que as outras pessoas têm de Deus podem estimular-nos a confundir nossas próprias imagens. Isso pode ser doloroso, mas também salutar e direcionar-nos um pouquinho para mais próximos de uma intuição, de uma percepção de Deus.

Por fim, porém, devemos ou deveríamos admitir que todas as imagens que nos fazemos de Deus, e também as grandes imagens que artistas criaram de Deus, nada mais são do que tentativa malograda de indicar algo da incomensurabilidade e inefabilidade de Deus. Jamais deveríamos nos esquecer disso.

ANSELM GRÜN: Conheço também períodos nos quais me sinto à vontade com Deus. Contudo, a seguir pressinto ainda frequentemente o perigo de acomodar-me com meu Deus, de dispor ordenadamente as imagens de Deus que me tranquilizam e que confirmam meu caminho espiritual.

Então, preciso tanto de imagens como as do *Juízo final* de Michelangelo quanto, porém, de textos como os de Wolfgang Borchert, por exemplo, "Do lado de fora, diante da porta", a fim de me sacudir interiormente e mostrar-me que Deus não cabe simplesmente certinho na conta de minha vida, mas que Ele é o Deus totalmente outro, o Deus estranho que não compreendo, que também tem lados obscuros, incompreensíveis. Por conseguinte, para mim, o diálogo com a arte é importante a fim de abrir uma e outra vez minha fé para dimensões novas e incompreensíveis de Deus. Conheço o perigo de constranger Deus em suas próprias imagens.

Parte II

Ano da graça de 1654. Segunda-feira, 23 de novembro... Desde mais ou menos às dez e meia da noite, até aproximadamente meia hora depois da meia-noite. Fogo. "O Deus de Abraão, o Deus de Isaac, o Deus de Jacó", não o dos filósofos e dos instruídos. Certeza, certeza, intuição: Alegria. Paz. O Deus de Jesus Cristo. *Deum meum et Deum vestrum*. "Teu Deus será meu Deus". Esquecido do mundo, mas, acima de tudo, Deus assumido. Ele só é encontrado no caminho ensinado pelo Evangelho. Grandeza da alma humana... Alegria, alegria, alegria e lágrimas de alegria... Esta é a vida eterna, que eu te reconheça, o único, verdadeiro Deus.

Blaise Pascal. *Memorial*.

1
Deus e Jesus

Em Jesus, o Deus inconcebível recebe rosto humano

ANSELM GRÜN: Para mim, é uma questão essencial como relacionamos hoje Deus e Jesus. Nesse caso, não estou interessado em doutrinação dogmática, mas existencialmente na questão como posso ligar Jesus e Deus. Diversas pessoas que hoje buscam o espiritual nas religiões asiáticas frequentemente estão abertas para Deus, para o mistério absoluto a que chamamos Deus. No entanto, tão logo falo de Jesus, elas reagem alergicamente. No máximo, ainda conseguem compreender Jesus como uma pessoa religiosamente dotada, que fez experiências espirituais profundas, como Buda ou Maomé.

Contudo, quando falo de Jesus como o Filho de Deus, elas reagem friamente. No entanto, Jesus, o Filho de Deus, é o fundamento de nossa fé. Naturalmente conheço a discussão de que a caracterização "filho de Deus" é uma noção relacional no judaísmo. Quem está ligado de modo especialmente íntimo com Deus, como, por exemplo, o Rei Davi, é filho de Deus. Todavia, a exegese grega desta palavra, que se tornou normativa para a Igreja primitiva, interpretou o conceito "filho de Deus" ontologicamente: Jesus é o Filho de Deus, gerado por Deus. João já indicou Jesus como o Verbo que, no princípio, estava com Deus. "E a Palavra era Deus" (Jo 1,1).

Para mim, a teologia de Karl Rahner é abalizada, ele que fala de Jesus como a absoluta autocomunicação de Deus. De modo diferente, em relação à humanidade, mediante a qual Deus pode perfeitamente falar-nos, em Jesus Deus revelou-se a nós, seres humanos, de maneira absoluta. Quando aplico a mim mesmo esta teologia de Rahner, para mim, então, significa: em Jesus, torna-se-me claro quem é Deus. Muitas vezes Deus desaparece em meu pensamento e imaginação. Ou percebo que imagino Deus de acordo com meus próprios desejos. Jesus é concreto. Ele é denso. Não se deixa enquadrar facilmente em meu esquema da doutrina sobre Deus. Ele pronuncia palavras que provocam. Assim, em Jesus, Deus vem ao meu encontro como o outro, como o Estranho. Ele confronta-me. Não se deixa cobrar facilmente. Como você experimenta Jesus e o que Ele significa para ti?

WUNIBALD MÜLLER: Para mim, em Jesus o Deus intangível, por mais inexplicável que permaneça, recebe um rosto humano. Acho isso maravilhoso. O Deus incomensurável aproxima-se de nós em Jesus Cristo. À pergunta sobre como ele imaginaria Deus, o arcebispo muniquense Reinhard Marx (2009: 36) respondeu: "Para nós, seres humanos, Deus não é imaginável. Ele é o criador do Tudo total, o mistério absoluto. Isto excede todo poder de imaginação. No entanto, creio: Ele se nos mostrou em Jesus de Nazaré. Agora temos um caminho para Ele, o verdadeiramente Incompreensível. O Deus encarnado é, para nós, uma ponte". Estas frases descrevem bem qual o significado que Jesus tem, para mim, em relação a Deus. O Deus inapreensível, a quem sempre posso chamar de "Tu", aproxima-se sempre mais de mim em Jesus.

Jesus é muito concreto

ANSELM GRÜN: Para mim, a personalidade de Deus torna-se concreta em Jesus. Ele é uma pessoa que me confronta. Por vezes tenho a suspeita de que as pessoas que vivem não mais que uma vaga espiritualidade lutam com a exigência de Jesus. Como um estranho Ele as encontra como alguém que as desafia. Gostariam mais de reivindicar Deus unicamente para si e fazer uso dele do que deixar-se questionar por Ele.

Jesus questiona-me. Não posso distorcer suas palavras. Naturalmente, sei que a Igreja muitas vezes abusou da Palavra de Jesus, a fim de tornar as pessoas submissas. A Igreja também deve sempre de novo confrontar-se com a Palavra de Jesus. Jesus também questiona criticamente a Igreja. Para mim, no entanto, Jesus é aquele que me desafia a buscar em seu comportamento e em suas palavras o Deus desconhecido – o Deus que fala bem concretamente em minha vida e desafia-me a converter-me e a mudar meu pensamento.

WUNIBALD MÜLLER: Nisso se expressa de maneira completamente evidente, também para mim, a grande importância de Jesus como encarnação de Deus. Jesus indica-nos que o entrar em relação com Deus não é apenas um fenômeno interior, mas que traz consequências consigo. "Em seu corpo dilacerado na cruz, vemos como Deus é, que Ele se desgastou por nós até esse ponto... Ele colocou-se ao lado dos inocentes e sofredores – e gostaria de ver-nos ali também", disse Joseph Ratzinger (2006).

Isto não se deixa em nada eludir. Em toda radicalidade e agudeza, torna-se claro o que constitui, ou seja, deveria constituir o sinal distintivo, a força irradiadora do cristão que se confessa discípulo de Jesus: deixar-se abrir para o mundo, para os semelhantes. Jesus mesmo nos deu o exemplo. Jesus, em quem Deus assumiu forma humana.

De um deus anônimo, geral e incomensurável não pode brotar tal dinâmica. Para isso "exige-se" um Deus pessoal, que é o amor, e em Jesus, como amor pelo mundo, desdobra aquela dinâmica que tudo renova. "Agora eu faço novas todas as coisas" (Ap 21,5).

ANSELM GRÜN: Também para mim Jesus é bem concreto. Ele impede-nos de, em nossa espiritualidade, colocar-nos acima dos outros, ou abusar da espiritualidade para sentir-nos algo especial, como pessoas que vivem mais conscientemente do que todas as outras. Este perigo da espiritualidade existia no tempo de Jesus entre os fariseus. Ele existe hoje da mesma maneira. Há quem abuse da espiritualidade a fim de passar-se por interessante e olhar para os demais com desdém.

Contra esse perigo, Jesus pronunciou uma palavra altamente chocante para mim: "Quando tiverdes feito tudo que vos foi mandado, dizei: ‘Somos escravos inúteis. Fizemos apenas o que tínhamos de fazer’” (Lc 17,10). A espiritualidade significa fazer minha obrigação em relação a mim mesmo, ao outro, ao instante, a Deus. Fazer o trivial. Os chineses conheciam esta espiritualidade quando diziam: O Tao é o costumeiro, o cotidiano. No dia a dia concreto mostra se sou ou não uma pessoa espiritual.

WUNIBALD MÜLLER: Este é outro exemplo de quanto a concretização de Deus na pessoa de Jesus o torna mais concreto. Deus torna-se realidade e é realidade em nosso mundo, e isso traz consequências. Isto vale também para aqueles que, aparentemente, sabem muito sobre Deus ou pretendem saber – será que nós dois não estamos entre esses? Seria de bom alvitre que mantivéssemos os pés no chão e não nos ensoberbecêssemos, repentinamente crendo saber mais sobre Deus, estar mais perto dele e, a partir daí, deduzir privilégios para nós.

Para mim, ser cristão consciente é algo diferente. Quando digo: “Sou cristão”, então, inicialmente, isto ressoa tão evidente! Isto simplesmente faz parte de mim, sempre foi assim. Tal declaração, contudo, contém algo vigoroso, novo, quando eu, a partir de dentro, autoconsciente – não arrogante – e quase alegre, digo: “Sou cristão”. E, nisso, penso naquele de quem me vem esse nome, Jesus, o Cristo. Ele é quem me provê o nome. A partir *dele*! Gosto de ser nomeado a partir dele! É um privilégio, uma honra. Sou seu *discípulo* com prazer. Para mim, isto significa ver minha vida, meu cotidiano sempre de novo em conexão com o Deus de Jesus Cristo, tal como me foi transmitido pelo Antigo e pelo Novo Testamento.

Jesus não se deixa monopolizar

ANSELM GRÜN: Sim, gosto de ser cristão. Isto não obstante, às vezes me é difícil entender quando alguns dizem de si mesmos: "Sou um cristão decidido. Decidi-me completamente por Jesus Cristo". Sinto em mim sempre as duas coisas: sou cristão e desejo ser cristão. Contudo, experimento também espaços em mim que ainda não são cristãos, que ainda não foram batizados. Quero trazê-los para o encontro com Jesus.

Todavia, como cristão decidido, não devo colocar-me acima dos outros cristãos, nos quais não reconheço a atitude do ser decidido. Para mim, Jesus é um desafio constante a seguir e que me faz confrontar com suas palavras. Jamais poderei dar conta desse desafio. Jamais poderei reclinar-me comodamente e dizer: "Sou plena e completamente cristão". Contento-me com a afirmação: "Quero ser cristão. Empenho-me, com todas as forças, em seguir Jesus".

WUNIBALD MÜLLER: Quando você fala de cristãos decididos, inquieta-me neles também a naturalidade com que se reportam a Deus. Neste ponto, alio-me a Hans Küng (1978: 765), que escreve: "Visto que Jesus é Aquele-que-foi-assumido em Deus, Ele é, no Espírito, o Vivente, Ele é o Determinante para cada cristão, bem como para a comunidade eclesial. A partir dessa medida concreta, posso também provar e discernir os espíritos: nenhuma hierarquia e também nenhuma teologia, nem tampouco nenhum fanatismo que pretendam, acima de Jesus, de sua Palavra, de seu comportamento e destino, apelar para o 'Espírito Santo', podem apelar para o Espírito de Jesus Cristo".

Isto pode tornar-se um grande desafio, e já se tornou, para o indivíduo, mas também para igrejas e agrupamentos religiosos, superiores eclesiásticos e diretores espirituais que têm a pretensão de terem sido instruídos diretamente por Deus. Um olhar sobre a Palavra de Jesus e seu comportamento deixa claro que o que eles dizem ou exigem não se pode harmonizar com aquela Palavra e comportamento.

ANSELM GRÜN: Jesus não se deixa monopolizar. O que tanto me fascina nele é sua presença absoluta. Onde Ele entra, as pessoas devem assumir posição. Ninguém pode furtar-se a suas palavras e a seu comportamento. Jesus não as deixa em paz. Ele nos obriga a abrir os olhos e considerar nossa própria realidade. E Ele nos força a, sempre de novo, buscar com o olhar o Deus totalmente outro que não se deixa encaixar em nossas concepções de Deus, aquele que, nas afirmações paradoxais de Jesus, sempre aparece diferentemente: como o Pai misericordioso, como o Deus maternal, mas também como o Deus que nos conduz à verdade, que nos desafia a abandonar nosso ego e entregar-nos ao incompreensível amor de Deus.

Jesus como amigo

WUNIBALD MÜLLER: Posso entender que alguns, ou talvez diversas pessoas, até que atribuem a Jesus uma grande importância, mas não conseguem considerá-lo também Filho de Deus. Isto, certamente, não é fácil de entender. Posso muito bem entreter-me com Deus, entregar-lhe tudo, deixar-me invadir pelo sentimento de ser tocado por Ele. Há momentos em que intuo que Deus habita em mim. Posso também entrar numa relação pessoal, direta com Deus. Com Jesus, que viveu sobre a terra, sinto dificuldade. Eis que Ele é, para mim, meu amigo, meu irmão, meu companheiro. Entretanto, as coisas estão melhorando. Nesse processo, ajudou-me o escritor espiritual Henri Nouwen, morto neste intervalo de tempo. Para ele, Jesus era um amigo. Para sua espiritualidade pessoal, Jesus era o centro, o coração.

Lembro-me de uma celebração eucarística com Henri Nouwen, no ano de 1986, em um pequeno grupo. Na ocasião, também você estava lá. O jeito franco e íntimo como Henri falou sobre e com Jesus ajudou-me a desistir de minha reserva em dirigir-me a Jesus e rezar a Ele do mesmo modo que eu o consigo tão bem com Deus. A fé, segundo a qual não se deve separar Jesus de Deus, que quando rezo a Jesus, rezo a Deus, ajuda-me, de modo que agora já não tenho grandes preocupações a esse respeito. Em todo caso, é Deus, pois, a quem me dirijo e a quem rezo.

2
Deus e o Espírito Santo

"Infunde completamente teu sopro em mim"

WUNIBALD MÜLLER: "Respira em mim, ó Espírito Santo", escreve Santo Agostinho. Do místico Wilhelm von Saint-Thierry (1993: 66), que viveu no século XII, provém a afirmação: "Os que se beijam ternamente inalam mutuamente a própria respiração. É um odor pelo qual se sentem maravilhosamente penetrados. Toma completamente meu sopro para ti, Senhor [...] e infunde totalmente tua respiração em mim – ela está, sim, plenamente cheia do teu odor –, a fim de que meu hálito, penetrado pela tua fragrância, já não cheire mal. Que teu doce hálito, ó Dulcíssimo, no futuro, permaneça em mim todo o tempo!"

Existe descrição mais bela e, ao mesmo tempo, mais significativa do Espírito Santo e de seu agir? O Espírito Santo como amante do ser humano, como aquele que infunde no ser humano seu santo respiro!

ANSELM GRÜN: A descrição do Espírito Santo feita por Wilhelm von Saint-Thierry mostra bem concretamente como os cristãos medievais experimentaram o Espírito Santo. Experimentaram-no sobretudo na respiração. Experimentaram-no como amor. Rumi, o poeta persa, certa vez falou da respiração como o perfume amoroso de Deus. Quando imagino que na respiração a fragrância amorosa de Deus me penetra, então minha respiração ganha outro odor, toda a minha vida adquire novo sabor. Saboreio-me diferentemente. Sinto-me penetrado pelo amor. Esse perfume amoroso de Deus é para nós, cristãos, o Espírito Santo.

Mesmo que, às vezes, pareça-nos tão abstrato, Ele é experimentável. Basta que a respiração que exercitamos a cada instante seja feita sob a maravilhosa imagem do hálito de Deus, do perfume amoroso de Deus. Então percebemos o Espírito Santo em nós. Então surge em nós um doce cheiro. As místicas da Idade Média falam da *dulcedo dei*, da “doçura de Deus”, experimentável no sopro do Espírito Santo.

WUNIBALD MÜLLER: Teu confrade Rudolf, morto há algum tempo, certa vez me contou que ele muitas vezes imaginava, durante a inspiração, inalar o Espírito Santo. Para mim, o Espírito Santo é experimentável de maneiras variadas, acima de tudo como amor de Deus. Ele é o “Espírito da graça, a graça imérita, a incalculável maravilha do amor de Deus” (RAHNER, 1990: 314). Nos sacramentos da Igreja, em nossas orações, entramos em contato com o Espírito Santo. Contudo, também nas experiências cotidianas podemos, se estivermos abertos para isso, perceber sua ação. C.G. Jung faz notar que nós, com frequência, sentimos grande vergonha em experimentar a ação do Espírito Santo nas coisas rotineiras e também em nossos sonhos. Quando se despertam fortes experiências, que poderiam apontar para a presença ou para a ação do Espírito Santo, somos céticos.

Uma postura crítica em relação a fenômenos que não podem harmonizar-se facilmente com nossa sóbria concepção do mundo não deveria permitir, porém, que tais experiências fortes sejam completamente ignoradas. Com isso, recusamo-nos também um modo de experimentar que pode representar uma grande riqueza para nossa vida. Nos diálogos terapêuticos, quando me refiro a descobrir tais experiências fortes nos sonhos, por exemplo, então chamo a atenção da pessoa e encorajo-a a interpretar o sonho também à luz desse conhecimento e dessa experiência, e a permitir que isto a influencie.

ANSELM GRÜN: Em uma meditação, Karl Rahner certa vez descreveu como o Espírito Santo atua em meio às experiências cotidianas de nossa vida. O Espírito Santo age em nós quando tentamos amar a Deus, "ali, onde nenhuma onda de inspiração sentimental já não carrega ninguém, onde alguém já não consegue confundir a si mesmo e à pressão de sua vida com Deus, onde se tem a impressão de morrer de tal amor" (RAHNER, 1957: 106). Em toda parte onde superamos nossa sensibilidade natural, está em ação o Espírito Santo conferindo novo sabor à nossa vida.

Em nós existe uma fonte do Espírito Santo

WUNIBALD MÜLLER: Associo ao Espírito Santo também uma força especial que cresce em mim a partir de minha profundidade. Esta força é mais forte do que todas as forças que eu conheço. Às vezes, sinto esta força especialmente forte no começo de um dia, como mola propulsora que me faz adentrar no dia. Entro, pois, em contato com a força, experimento-a como fonte de vida. No trabalho do dia a dia, nos conflitos e discussões cotidianos, muito em breve outras forças reassumirão o comando.

Contudo, esta força com que posso contar me é sempre concedida. Por vezes, basta a purificadora força da noite e dos sonhos para abrir o acesso a ela. De outra feita, uma meditação pode contribuir para retomar o contato com ela. Também em minha nostalgia de Deus experimento esta força como um vigor que me arrasta.

Em todo caso, trata-se de uma força que é experimentável concretamente em minha vida e que nela age, de modo que posso dizer com Karl Rahner (1990: 303s.): "O Espírito Santo do Deus sempiterno veio, Ele está aí, vive em nós, santifica-nos, fortalece-nos, consola-nos, é o penhor da vida eterna, a garantia da bênção ilimitada".

ANSELM GRÜN: Para mim, a meditação de palavras bíblicas é um modo importante de deixar-me preencher pela força de Deus. Quando, na administração do convento, quando nada me cobre senão problemas, e eu preferiria recolher-me em mim mesmo, então ajuda-me o seguinte versículo do salmo: "Contigo transponho trincheiras. Com meu Deus, escalo muralhas" (Sl 18,30). Deixo que este versículo caia em meu coração. Assim, a palavra da Escritura põe-me em contato com a força que lateja no fundo de minha alma. Demasiadas vezes me fixo em minha impotência. Tenho a sensação de que tudo é demais, de que tudo ultrapassa minhas forças.

A meditação da palavra bíblica mostra-me que no fundo de meu coração se encontra também uma fonte de força. Esta força quer ser despertada, a fim de tornar-se consciente para mim, de penetrar meu corpo e minha alma e possa me revigorar.

WUNIBALD MÜLLER: Quando nos deixamos guiar por essa força, então estes são os momentos em nossa vida nos quais vivemos plenamente a partir de dentro, nos quais nos deixamos determinar pela força que vem de dentro. Esta força brota de nossa fonte divina. A partir dali ela recebe o que a transforma na força que determina nossa vida. Isto, porém, faz dela uma força de um tipo diferente das demais forças, que têm sua energia a partir de fora. A força que experimentamos em nós, a qual provém do nosso mais íntimo, é a força que Deus despertou em nossa alma, e nela Ele próprio vem ao nosso encontro no mais recôndito de nossa alma. É-nos permitido experimentar sua presença em nós como um murmúrio de nossa alma.

ANSELM GRÜN: A tradição cristã liga esta fonte da força ao Espírito Santo. Em mim existe uma fonte do Espírito Santo, o qual me fortalece e me infunde força. Não estou entregue somente às minhas próprias forças, à força de minha vontade ou de minha compreensão. Quando me sinto sem forças, então posso rezar com o maravilhoso hino pentecostal de São Rábano Mauro: *Infirma nostri corporis virtute firmans perpeti* – "O que há de frágil em nosso corpo, fortalece com tua força eterna".

A força que o Espírito Santo nos infunde é força corporal e espiritual. Contudo, ela provém de outro mundo, do mundo eterno. É uma força que não se exaure quando nos fatigamos. Ela haure da eterna fonte de Deus. *Virtus*, traduzindo-se do latim, não significa apenas "a força", mas caracteriza também a virtude de que o ser humano precisa a fim de que sua vida tenha valor. Nesse sentido, o Espírito Santo preenche não somente nosso corpo, mas também nossa alma, com nova força, com as virtudes que nos são concedidas, as quais nós, porém, ao mesmo tempo, devemos exercitar a fim de que se tornem eficazes em nós.

O Espírito Santo age no Eros

WUNIBALD MÜLLER: Pierre Teilhard de Chardin diz que "o que eu posso ter em força e calor não sou eu, porém é mais profundo do que eu e precisamente por isso tanto mais ativo quanto me sinto pessoalmente indefeso e frágil". Pierre Teilhard de Chardin refere-se a São Paulo, que vê nessa força o próprio Deus, que vive nele.

Esta força, por trás da qual ou na qual até mesmo o próprio Deus se esconde, relaciono-a também com Eros, algo que o teólogo protestante Paul Tillich, do qual você também já se ocupou muito, vê como uma força humano-divina. Mais adiante, afirma que Eros e Ágape, como o amor desinteressado, não podem ser separados um do outro, visto que ambos se necessitam mutuamente. Isso tem tamanho alcance que o mandamento principal da Bíblia – amar a Deus e as pessoas, e a ti mesmo, de todo o coração e com toda a tua alma – não é possível sem a cooperação do Eros.

O Papa Bento XVI, em sua Encíclica *Deus é amor*, a respeito do amor de Deus, fala de Eros de maneira tal que deixa transparecer que, por trás do Eros, pode-se esconder uma força divina. Assim escreve ele: "[...] este seu amor pode-se designar completamente como Eros que é, certamente, ao mesmo tempo, completamente Ágape". Isto, porém, caracteriza o Espírito Santo. Ele é Eros e Ágape a um só tempo. Ele é a força que nos enche de vida, que nos lança para a vida. A partir dali, recebemos o impulso necessário para podermos viver e, a seguir, também subsistir. É a força divina que nos inflama, energia divina que é colocada à nossa disposição.

Nesta força age Deus, o Espírito Santo. Esta força conduz-nos pela vida e, finalmente, quando nos abandonamos à sua guia, à plenitude, aonde o Eros, como força do Espírito Santo, quer nos conduzir. "Eros quer nos arrebatar para o divino, conduzir-nos para fora de nós mesmos", escreve o Papa Bento XVI em sua encíclica. Caso não abriguemos nossa força-Eros sob a guia do Espírito Santo, correremos o risco de tomarmos a direção errada e nos precipitar.

ANSELM GRÜN: O Espírito Santo é também, para mim, por natureza, amor. Isto o diz também Paulo, quando escreve aos romanos: "O amor de Deus foi derramado em nossos corações através do Espírito Santo que nos foi dado" (Rm 5,5). Paulo fala aqui de Ágape, do amor como um presente divino. Este Ágape, porém, inclui em si sempre também o Eros, o amor cobiçoso, e a Philia, o amor de amizade. Do contrário, ele se torna tedioso e esmaecido.

A natureza do Ágape faz dele, justamente e no final das contas, divino. Paulo o compreende como dom gratuito do Espírito Santo.

Em seu sublime Hino à Caridade (na Primeira Carta aos Coríntios, cap. 13), ele se reporta a um texto de Platão que descreve o Eros como uma força que nos é dada. Ele age em nós. Não somos nós que exercitamos o amor. Ao contrário, o amor está em nós. Apenas devemos deixá-lo fluir em tudo o que fazemos.

WUNIBALD MÜLLER: Talvez se possa também dizer que o Espírito Santo sempre se utiliza do Eros para tornar-se experimentável por nós, seres humanos, para acender em nós amor e entusiasmo, para levar-nos ao amor pelo próximo e para a doação. Caso este fogo se apague, extingue-se também nosso vigor vital, faltam-nos as forças, esgota-se a fantasia, abandonam-nos o encanto e a compaixão, apenas seguimos apáticos e indiferentes vida afora.

Inflamados pelo fogo do Espírito Santo, arrojamo-nos pela vida e deixamos em toda parte os vestígios como expressão de nosso anseio estimulado pelo Espírito Santo: em uma obra de arte, em uma canção efusiva, na doação às pessoas e a Deus, no engajamento por algo.

Vislumbro este fogo do Espírito Santo em pessoas como Henri Nouwen, Oscar Romero ou Pierre Teilhard de Chardin (apud SCHIWY, 2005: 179), o qual escreve: "Aquele que está envolvido apaixonadamente pelo âmbito divino não pode suportar nenhuma escuridão, nenhuma tibieza, nenhum vazio naquilo que deveria estar cheio de Deus e animado por Deus. Quando ele pensa nas inúmeras almas que, na unidade do mesmo mundo, estão ligadas a ele, e em torno das quais o fogo da presença divina ainda arde insuficientemente, então ele se sente, por assim dizer, enrijecido". O que você pensa disso?

ANSELM GRÜN: No Evangelho de Lucas, o Espírito Santo é descrito como fogo e ardor: "Eu vim trazer fogo à terra, e como desejaria que já estivesse aceso!" (Lc 12,49). Henri Nouwen utilizou a bela imagem de que diversos curas d'almas estão esgotados porque eles deixam constantemente aberta a porta do próprio forno. Ele compreende a vida espiritual como cuidado com o fervor interior. Ele descreve seu conterrâneo Vincent van Gogh, com quem ele se sentia interiormente muito ligado, como alguém que, ao longo de sua vida, nutriu o fogo em seu forno. O calor do Espírito Santo jorrou para dentro de seus quadros.

Naquele tempo, segundo Henri Nouwen, ninguém dedicava tempo a aquecer-se junto ao forno de van Gogh. Hoje, porém, diversas pessoas se sentam por horas a fio diante de seus quadros, a fim de experimentar o ardor que se esconde nessas imagens, e nisso aquecer-se. Para mim, a vida espiritual significa acalentar em mim o ardor do Espírito Santo. Assim, esse fervor impregnará tudo o que eu fizer. Minha fala torna-se uma fala apaixonante. Ela constrói uma casa na qual as pessoas se sentem bem.

Hoje, muitos falam – não somente na economia, mas também na Igreja – uma linguagem fria. Diante deles, as pessoas defendem-se à medida que se fecham. Também hoje, ansiamos por pessoas nas quais o ardor do Espírito Santo seja palpável. Neste mundo frio, precisamos de pessoas nas quais as brasas do Espírito Santo ardam. Junto a elas gostaríamos de nos aquecer.

“Inflamados por ânsias de amor”

WUNIBALD MÜLLER: Às vezes experimentamos a presença e a ação do Espírito Santo de maneira especialmente forte. Por exemplo, no enamoramento imortal. Aquela experiência na qual a gente está sob um encanto, algo nos invade, domina-nos. Onde mais alguma outra força consegue nos monopolizar tão poderosamente? Para mim, esta é uma experiência na qual o Espírito Santo simplesmente age e governa.

“Inflamados por ânsias de amor”, escreve João da Cruz em seu poema de amor sobre a noite escura do espírito, dos sentidos e da alma. É o próprio Espírito Santo que inflama o fogo em nós, que nos conserva a vida. O fogo que ilumina nossa vida. O fogo que produz em nós uma “ânsia imortal”. Ou pensemos na experiência do *tremendum et fascinosum*, do “temor e tremor divinos”. Ali experimentamos absolutamente a presença do Espírito Santo. Ali Ele nos perpassa. Ali, por alguns momentos, o céu irrompe em nós.

Para mim, por trás da carência humana de união e de fusão, esconde-se o profundo desejo de contemplar a Deus, de ser um com Ele. Uma ânsia que não é preenchida durante a vida e que, justamente por permanecer insatisfeita, sempre nos instiga a prosseguir, a jamais desistir. Com efeito, nosso coração está e permanece inquieto até que não repouse em Deus.

ANSELM GRÜN: Conheço diversas pessoas que são desesperadamente infelizes quando se apaixonam, mas seu amor não é correspondido. Quando, porém, compreendemos o estar apaixonado como estar inflamado pelo Espírito Santo, então o estar apaixonado, que confunde todas as nossas emoções, conduz-nos finalmente ao fundamento da alma, no qual o ardor do Espírito Santo queima em nós. O estar apaixonado coloca-nos em contato com esse fervor interior, permite-nos experimentar esse ardor também emocionalmente.

É nossa tarefa, porém, descer sempre de novo, das emoções ao fundo da alma. O ardor do amor que ali, no Espírito Santo, queima em nós, ninguém nos pode tirar. Ele também não é destruído quando nosso estar apaixonado não é retribuído pelos outros, mas permanece apenas um sentimento próprio. Posso gozar esse sentimento porque ele me leva ao ardor do amor que é atiçado novamente, a fim de perpassar e aquecer todo o meu corpo e toda a minha alma.

WUNIBALD MÜLLER: Assim, contribuímos para nossa unidade, para nossa santidade, quando admitimos o Eros em nossa vida. Dessa maneira, tornamo-nos mais presentes e nos aproximamos mais da vida em plenitude que nos é prometida. “A glória de Deus é o ser humano vivente”, dizia Irineu de Lião. O ser humano, porém, vive e alimenta-se também de Eros, que incita e reaviva sua saudade de Deus. Tarefa da espiritualidade é modelar essa nostalgia, esse Eros, fazê-los frutíferos para nossa santidade e não reprimi-los. No entanto, é o próprio Deus que, em nosso Eros, mediante o que Ele desencadeia em nós, fala-nos e age em nós. Deus não quer que detenhamos isso, mas que nos deixemos surpreender por isso em nossa vida aqui, hoje e agora, a fim de vivermos em plenitude e, a partir dela, esbanjar para os demais.

No entanto, naturalmente o Espírito Santo não pode ser igualado ao Eros. Contudo, no Eros posso ver uma possível dinâmica do Espírito Santo, sem agora reduzir este a isso, visto que Ele, obviamente, é muito mais e não pode nem deve ser limitado a tais momentos de experiência. Quando estou aberto a isso, o Espírito Santo torna-se-me concretamente experimentável.

ANSELM GRÜN: O Espírito Santo certamente não deve ser equiparado ao Eros. Ele age no Eros, mas também age na cotidianidade de minha vida. A tradição espiritual já delineou diversas imagens do Espírito Santo. Ele é o sopro que nos penetra, é a tempestade que nos envolve, que nos entusiasma, mas que também varre de nós todo o pó. Ele é a fonte que brota em mim, que me refresca e fortalece; é o ardor que me aquece e me enche de amor. Por fim, Ele é a força que me impulsiona quando me sinto enfraquecido.

Jesus chama frequentemente o Espírito Santo de consolador, aquele que está conosco, que está ao nosso dispor e nos defende quando somos atacados. Tudo isso não passa de imagens que descrevem a misteriosa ação do Espírito Santo. E – assim o diz a dogmática – o Espírito Santo é Deus. Nele Deus me toca. O Espírito Santo é o Deus experimentável, o Deus que atua em minha experiência humana.

O Espírito Santo não se deixa monopolizar por ninguém

WUNIBALD MÜLLER: Em tais experiências humanas sinto o Espírito Santo, nelas Ele faz algo em mim. A seguir, não falo apenas sobre o Espírito Santo. Ele se move em mim, atua diretamente dentro de minha vida. Ele me preenche. Harmonizo-me, então, com a antífona de entrada da Festa do Espírito Santo: *O Espírito do Senhor enche o universo*. O Espírito do Senhor plenifica tudo em mim e ao meu redor. "Nele vivemos, nos movemos e existimos" (At 17,28).

Ademais, sei muito bem que o Espírito Santo, no final das contas, permanece indizível. E sei que em tudo o que digo a respeito dele resta um balbucio que, em todo caso, no âmbito de minhas possibilidades humanas, representa uma vaga indicação de algo que permanece inefável. É bom que seja assim. Cria expectativa, mantém-nos em movimento, arrasta-nos. Queremos saber, queremos experimentar, queremos ser iguais aos deuses. Por conseguinte, faremos bem em nos precaver, acima de tudo, quando se trata de decidir se algo vem ou não de Deus. Isto vale para mim de maneira especial quando alguém pretende que o que ele diz remonte ao Espírito Santo. A esse respeito, já falamos em conexão com os cristãos decididos.

Minhas experiências na psicoterapia têm me demonstrado que algumas pessoas que se associaram a grupos erigidos carismaticamente guarnecem espiritualmente seu comportamento às vezes intolerante e pessimista. Por trás disso esconde-se, na realidade, uma resistência dificilmente vencível. Isso pode ir tão longe que as pessoas em questão são resistentes à terapia. Aqui, em minha avaliação, "desespiritualiza-se" a própria ideologia, ocasionalmente bastante obstinada e problemática. De uma ação do Espírito Santo sente-se pouco, isto é, nada.

"Crer no Espírito Santo, no Espírito de Jesus Cristo, significa saber que o Espírito não é jamais minha própria possibilidade, mas sempre força, poder, dom de Deus", disse certa vez Hans Küng (1978: 762). Jamais deveríamos esquecer isso. Nem os grupos carismáticos, tampouco também as Igrejas. E, naturalmente, em primeiro lugar, também cada indivíduo por si.

ANSELM GRÜN: Eu também sou sempre cético quando alguém pretende saber exatamente o que o Espírito Santo lhe diz. Alguns orientadores espirituais têm a pretensão de reconhecer o que o Espírito Santo diz a seus clientes. Aí, o perigo do abuso espiritual é muito grande. O Espírito Santo é, como Deus, também sempre indisponível. Não posso decidir sobre Ele. Não o possuo. Ele sopra em mim.

A respeito deste Espírito, diz Jesus: "O vento sopra onde quer e ouves seu ruído, mas não sabes de onde vem nem para onde vai" (Jo 3,8). Sentimos a ação do Espírito Santo muitas vezes em nós e nos outros. No entanto, precisamos ser muito cuidadosos para não determinar a ação do Espírito divino mediante nossa interpretação. Precisamos auscultar o murmúrio do Espírito Santo a fim de intuir o que Ele gostaria de nos dizer. É preciso sensibilidade e humildade para ouvir o Espírito de Deus, mas de nenhuma maneira autoconfiança e arrogância. Caso contrário, utilizamos o Espírito Santo com o objetivo de nos colocarmos acima dos outros e exercermos poder sobre eles.

WUNIBALD MÜLLER: "O vento sopra onde quer". Daí cresce uma dinâmica que toma conta radicalmente de nosso ser, que nos "convulsiona" totalmente. Quando lhe permitimos, a dinâmica do Espírito Santo não se detém diante de nada – não importa, aparentemente, quão religioso, eclesial ou espiritual o fato possa ser caracterizado ou considerado.

Às vezes, tenho a impressão de que não damos uma chance a essa dinâmica do Espírito Santo, refreamo-la constantemente porque temos medo das consequências radicais que daí se seguem. Essa dinâmica afunda-se, pois, em nossa própria profundidade quando nós, por exemplo, de tanto "sentar-nos" e "exercitar-nos", esquecemo-nos de que, depois da iluminação, espera-nos a roupa suja. Ou nos refogamos tanto no próprio molho eclesial que a dinâmica do Espírito Santo explode em nossas próprias quatro paredes – católica, protestante e assim por diante – e não recai sobre nosso agir, nosso viver e conviver cotidianos.

O Espírito Santo é também, para mim, algo como o gancho entre o céu e a terra. Ele representa a passagem entre o céu e a terra, torna essa passagem fluida. Ademais, Ele nos ajuda também a encontrar o justo equilíbrio entre céu e terra. Com efeito, algumas pessoas – e isto provoca-lhes indigência espiritual – agem como se já vivessem agora no céu. Outras, ao contrário, distanciam-se muito conscientemente da ideia de já agora, nessa vida, serem parte de algo maior.

No caso, trata-se de encontrar o justo equilíbrio. Momentos especiais podem ser reservados para uma ascensão total ao incomensurável, ao espiritual. No entanto, enquanto vivemos sobre a terra, fazemos parte da realidade terrestre e da sociedade, não podemos apropriar-nos completamente do infinito. Permanecemos completamente humanos, tal como Jesus era plenamente humano.

Um dia, quando tivermos passado totalmente para o imensurável, acolhidos pelos braços de Deus, presumo que não seremos indagados sobre quanto tempo nos "sentamos" na meditação e na contemplação, a fim de encontrar a Deus na profundidade. Presumivelmente, também não seremos indagados se vestimos os nus, se visitamos os doentes, se ficamos solidariamente ao lado dos oprimidos. Somente quem, durante o tempo de sua vida, abandonou-se à dinâmica do Espírito Santo terá se esforçado por ambas as coisas.

3
O Deus uno e trino

Deus se mostra a nós em três rostos distintos

WUNIBALD MÜLLER: Depois de termos falado sobre Jesus e sobre o Espírito Santo, deveríamos ainda nos voltar para o tema Deus e a Trindade. Certa vez, o ex-primeiro ministro da Alemanha, Helmut Schmidt, disse, apropriadamente, que ele jamais teria compreendido direito do que se trata realmente. Estou certo de que se dá o mesmo com muitas outras pessoas. Certamente aqui não é o espaço para discussões dogmáticas minuciosas sobre este tema. No entanto, deveríamos ousar ao menos fazer algumas observações a esse respeito.

ANSELM GRÜN: Judeus e muçulmanos nos acusam de que teríamos traído a fé no único Deus e teríamos feito dela três deuses. Naturalmente isto não é verdade. No entanto, não é fácil explicar tanto a judeus quanto a muçulmanos, também aos próprios cristãos, o que entendemos pelo Deus triuno. Não pretendo repetir todas as discussões teológicas que os Padres da Igreja – sobretudo nos três primeiro séculos – fizeram em torno do assunto. Para muitos, elas permaneceriam incompreensíveis. Assim, posso apenas elucidar como eu compreendo o mistério do único Deus em três pessoas.

Para mim, o importante é que nós, cristãos, cremos apenas em um único Deus. Não somos, portanto, politeístas, mas monoteístas. Este único Deus, porém, mostra-se a nós em três rostos diversos. A cada vez, Ele nos encontra de maneira diferente. Estas formas de encontro foram designadas pelos Padres da Igreja pelo termo *persona*. No caso, o termo *persona* significa estar em relação. Deus não é simplesmente uma substância; a partir de sua natureza, Ele está sempre em relação consigo mesmo e conosco.

WUNIBALD MÜLLER: Deus vem ao nosso encontro de maneira diferente, a cada vez. Por aí consigo chegar a um acesso à trindade. Uma vez é o Deus a quem me dirijo, a quem oro. Outra vez é Jesus, com quem eu, por exemplo, sinto-me ligado pela oração do coração. Ou imploro pela ajuda do Espírito Santo. Em tudo isso, para mim, trata-se do único Deus. Aqui, a doutrina do Deus unitrino não é especulação alguma.

ANSELM GRÜN: Para mim, também, o ensinamento a respeito do Deus triuno não é especulação. Antes, é a tentativa de compreender, com o entendimento, a experiência que os primeiros cristãos tiveram com Deus. Juntamente com os judeus, eles experimentaram Deus como Pai e Criador do mundo. Em Jesus, porém, eles encontraram uma pessoa que se dizia Filho de Deus, que se sabia uno com Deus, mas que se dirigia a Deus chamando-o de Pai. Portanto, Jesus não era simplesmente Deus. Nele, Deus veio ao nosso encontro em uma pessoa humana e fez-se nosso irmão.

Em Jesus, Deus nos encontra como aquele que caminha conosco e nos faz participantes de sua vida divina, à medida que nos envia o Espírito Santo. O Espírito Santo é a maneira pela qual Deus está em nós; Ele nos penetra. Nele, o próprio Deus respira em nós. Pai, Filho e Espírito Santo designam, assim, nossa relação com Deus. A relação de que a linguagem sobre o Deus unitrino fala é uma relação aberta: Deus é um Deus aberto, que nos envolve na comunhão de seu amor.

Em toda tentativa de compreender o mistério do Deus uno e trino, no final das contas o mistério permanece oculto para nós. Quando falamos do Deus uno e trino, tudo não passa de um balbucio sobre o Deus que, em Jesus Cristo, ousou encarnar-se e, agora, no Espírito Santo, habita em nós mesmos. Ele nos perpassa sempre mais com o Espírito de seu Filho, a fim de que nós, no Espírito de Jesus e cheios de seu Espírito, modelemos este mundo segundo a vontade de Deus. A teologia tentou ver a experiência que os cristãos fizeram com Deus não apenas como reflexos da própria alma, os quais projetamos em Deus, mas, a partir da experiência, fazer também algumas asserções sobre Deus em si. Isto sempre na consciência de que toda afirmação humana sobre Deus pode até conter algo essencial de Deus, mas Ele, no entanto, apesar de todo conhecimento, permanece sempre o mistério incompreensível.

Como você vê o mistério do Deus uno e trino e como Ele modela sua vida? Ele tem alguma influência em sua espiritualidade?

WUNIBALD MÜLLER: Posso envolver-me de diversas maneiras com Deus, com Jesus e com o Espírito Santo quando, no caso, falo do único Deus. Trata-se de desvelamento e realidade do Único. Penso em uma peça de madeira do século XVII, chamada de *Dreigesicht* [Tripla face], que representa a Trindade. Em Jesus, Deus assume forma humana; no Espírito Santo, age no meio de nós.

Para minha espiritualidade, não é tanto o Deus trindade que me influencia. É a ação conjunta de Deus, de Jesus e do Espírito Santo. A encarnação de Deus nos conduz às planícies da vida, as quais ela santifica ao mesmo tempo. É o cotidiano em toda sua banalidade e, às vezes, brutalidade também. É nossa realidade aqui, sobre a terra, com todas as suas maravilhas e degenerações, com a felicidade, a dúvida, os amigos e as tragédias. Neste mundo Deus se fez homem, tornou-se mensurável, concreto, pessoa.

Jesus mostra os dois movimentos que devemos realizar para sermos inteiros. No movimento ascendente, ligamo-nos ao Deus infinito. O movimento descendente se mostra na encarnação de Deus, que em seu tornar-se gente, nessa descida, realiza algo único e maravilhoso sem que nisso signifique algo que decaia em relação ao movimento ascendente.

Se quisermos alcançar o Deus imensurável, só o conseguiremos se também o buscarmos no mensurável, concreto, em Jesus e, finalmente, em nosso irmão e em nossa irmã. "Amarás ao seu Senhor, teu Deus, de todo o teu coração, com toda a tua alma e com todas as tuas forças, e amarás a teu próximo como a ti mesmo."

Aqui, para mim, entra em jogo o Espírito Santo. Karl Rahner (1900: 308) escreve: "Dado que o Filho do Pai assumiu nossa humanidade na luz do Pai, por essa razão o amor do Pai e do Filho desceu aos nossos corações no santo Calor. Uma vez que o Filho do Homem morreu segundo a carne, por esse motivo, doravante o ser humano pode viver no Espírito Santo a vida de Deus". O Espírito Santo estabelece a ligação entre Deus e o ser humano, entre o ser humano e Deus. Em tudo isso, porém, trata-se do Deus uno.

O Deus unitrino como Deus em movimento

ANSELM GRÜN: Aqui, talvez, podem também continuar a nos ajudar as reflexões que fizemos em torno das imagens de Deus. Se partirmos do princípio de que a imagem de Deus sempre corresponde à autoimagem, então seria interessante perguntar-se qual é a autoimagem que corresponde à imagem do Deus Trindade. Joseph Ratzinger, atual Papa Bento XVI, em seu livro *Introdução ao cristianismo*, que remonta a aulas que ele deu na Universidade de Tübingen, no semestre de verão de 1967, fez algumas observações úteis a propósito deste íntimo nexo entre o Deus triuno e a existência cristã.

Para ele, o conceito "pessoa" é absolutamente relacional. A pessoa não está inerte em si, como damos a entender quando falamos de uma personalidade estabelecida. A pessoa está sempre relacionada. A imagem do Deus unitrino implica, portanto, que Deus é sempre relação, está em relação consigo mesmo e conosco, seres humanos. E nós, pessoas humanas, só podemos nos entender como pessoas que têm seu ser de Deus e que o vivem para Deus, que compreendem seu ser como relação. Deus em três pessoas indica o único Deus indivisível, que em si já é diálogo "mútuo de palavra e amor" (RATZINGER,

2005: 143). A partir de sua natureza, Cristo está relacionado a um Tu ao Deus-Tu, que, no entanto, não está sentado em um trono no céu, mas se abre a nós como o Deus Trindade.

WUNIBALD MÜLLER: Interessa-me a dinâmica que daí resulta: a dinâmica de Deus. Que Deus não é algo estatístico. Justamente que Deus não é inacessível, distanciado e amputado de nós, seres humanos, tal como imperador sentado em seu trono, mas encontra-se em uma relação vital conosco. No entanto, isto só lhe é possível se ele vem do céu e, ao mesmo tempo, permanece no céu.

ANSELM GRÜN: Quando vejo Deus como Senhor no Céu, segue-se daí uma autoimagem do ser humano obediente, que simplesmente deve cumprir o que Deus diz. Quando, porém, reconhece o Deus trino, então surge outra autoimagem. Já não pode absolutamente ver-se senão como alguém que, no mais íntimo do seu ser, já está ligado a Deus, alguém que está envolvido em Deus. A imagem trinitária de Deus leva, portanto, a uma autoimagem positiva e a uma imagem do ser humano que é, por natureza, dialogal.

Joseph Ratzinger cita aqui Santo Agostinho que, em seu comentário ao Evangelho de João, chega a relacionar a imagem do Deus triuno ao ser pessoa do ser humano. Ele pergunta aos seus ouvintes, ou seja, aos seus leitores e leitoras: "*Quid tam tuum quam tu, quid tam non tuum quam tu* – o que te é tão próprio quanto tu mesmo e o que te é menos próprio do que tu mesmo?" (RATZINGER, 2005: 149). E Ratzinger comenta essa afirmação de Santo Agostinho da seguinte maneira: "O que existe de mais próprio – o que, no final das contas, realmente só pertence a nós: o próprio eu é, ao mesmo tempo, o que há de menos próprio, pois justamente nosso eu não o temos a partir de nós e para nós". E ele conclui seu pensamento sobre a Trindade com as seguintes palavras: "Na fala a respeito de Deus, torna-se visível quem é o ser humano".

Para mim, seria uma tarefa altamente empolgante levar adiante tais ideias quando, na terapia e no acompanhamento espiritual, trata-se de uma sã autoimagem do cliente, de uma autoimagem que corresponde à sua natureza como ser humano. Como você vê o efeito dessa imagem de Deus na autoimagem do ser humano?

WUNIBALD MÜLLER: O que devo, ou posso dizer, a esse respeito? Em primeiro lugar, não acho absolutamente fácil compreender o que Joseph Ratzinger quer dizer aqui. Para mim, a afirmação mais forte – que é, ao mesmo tempo, a sua conclusão – é que eu, de acordo com esta imagem trinitária de Deus, não posso ver a mim mesmo senão como alguém que, no mais íntimo de seu ser, já está ligado a Deus, e isto leva a uma autoimagem otimista. Para Deus, sou interlocutor, e não simplesmente um receptor de ordens.

Assim, o relacionamento com Deus permanece fascinante, visto que, de tal relação, crescem a liberdade e a responsabilidade, ao mesmo tempo. No fim de tudo, sei que sou sustentado e conduzido por Deus; ao mesmo tempo, abre-se, para mim, um enorme raio de ação. Posso determinar como configuro minha vida, se me posiciono pró ou contra algo. Isso pode tornar-se um grande desafio para aqueles que sentem dificuldade em assumir a própria responsabilidade por sua vida e por suas decisões. Inversamente, para aqueles que estão dispostos a arriscar viver e a assumir a responsabilidade por suas decisões, essa relação com Deus, orientada dialogicamente, vem bem a calhar. Eles não se fixam em seguir detalhadamente o que é aparentemente a vontade de Deus, mas tiram também desse relacionamento baseado na parceria a mensagem: Peço-te que me surpreendas, à medida que confias viver!

O que, porém, isso tem a ver com a Trindade? Talvez porque continua fascinante e é exatamente o que constitui o Deus Trindade. Nele, nada é fixo; ali existe movimento, predomina a dinamicidade. Deus não é uma grandeza estatística, de forma alguma mensurável. O Deus triuno é Deus em movimento, que não se deixa restringir – por ninguém, nem por uma religião, nem por uma igreja.

O ser humano que, em si, é diálogo

ANSELM GRÜN: Às vezes tenho a impressão de que os teólogos, no anúncio da Boa-nova aos ouvintes, quase chegam a pedir desculpas por lhes explicar a difícil doutrina do Deus trinitário. O empenho com que, antigamente, os Padres da Igreja lutaram por esse ensinamento seria, para mim, um desafio a formular, hoje, as ideias sobre o Deus triuno, de tal modo que os cristãos descobrissem uma nova autocompreensão e também uma sã autoconsciência.

Seria a autocompreensão de pessoalidade e interpessoalidade, a compreensão do ser humano que, em si, já é diálogo, está ligado a um Tu. Não pode realizar sua existência se girar somente em torno de si mesmo, ao redor de seu próprio aperfeiçoamento, mas somente quando se torna capaz de relação, de envolver-se na relação e, no relacionamento com os outros, descobre o mistério de sua própria personalidade.

A partir daí, a palavra de Jesus "Eu e o Pai somos um" e sua oração "para que sejam um, como nós somos um" (Jo 17,11.22) laçam nova luz sobre o mistério de nossa existência cristã. Tal como Jesus, devemos compreender nosso ser como "a partir de" e "para". Quando reconhecemos que existimos a partir de Deus e para Deus, então somos um com Deus e um com nós mesmos e, assim, tornamo-nos capazes de também sermos um uns com os outros.

WUNIBALD MÜLLER: Aqui, você alude a um pensamento que sempre considero importante. Gostaria de formulá-lo assim: uma autorrealização que não conduz à doação, estaciona a meio caminho ou fica bloqueada a meio caminho. Cada um e cada uma deve, da melhor maneira possível, realizar-se, deve desenvolver o que nele ou nela está enterrado. No entanto, este processo de autorrealização como parte de nossa humanização encontra sua plenitude somente a partir da capacidade de relação, na aptidão para a doação – a alguma coisa, às pessoas, a Deus.

Assim com Deus não gira narcisisticamente em torno de si mesmo, mas volta-se para nós em sua encarnação, doa-se a nós em sua morte e envia-nos, hoje, seu amor na pessoa do Espírito Santo, assim também nós somos desafiados a sair do círculo em torno de nós mesmos e nos voltar para os outros, para somente assim sermos deveras pessoas humanas. Se me compreendo a partir de Deus, entrego-me ao processo de minha humanização, modelando-o pelo estímulo do Espírito Santo. Quando nos entregamos a essa dinâmica, ela nos leva à doação aos nossos semelhantes e à entrega a Deus.

Parte III

Quando o cardeal inquisidor perguntou se eu acredito em Deus, respondi: "Não, no seu Deus eu não acredito".

Quando o ateu me perguntou se acredito em Deus, respondi mais uma vez: "Não, no Deus que você nega, não acredito".

"Então você acredita, em todo caso, em um Deus", retrucaram-me o cardeal e o ateu como por uma só boca.

"Em DEUS, se me permitem, não em 'um', como vocês o fazem. Não em 'um', não no 'meu', não nesse ou naquele, pois todos são deuses. DEUS está em conflito com os ídolos e conosco, que veneramos ou destruímos as imagens deles, e, neste sentido, Deus é o mais militante dos 'ateus'.

O inquisidor condenou-me por causa da blasfêmia, o ateu insultou-me e chamou-me de vagabundo.

Fridolin Stier

1
Deus e os dogmas

A dogmática é a arte de deixar aberto o mistério

WUNIBALD MÜLLER: Em uma biografia sobre C.G. Jung está escrito que o jovem Carl Gustav Jung, em sua busca de Deus, inicialmente teria se ocupado com a Dogmática, portanto, com aquela disciplina teológica que se ocupa principalmente com a doutrina de uma religião. Frustrado com isso, finalmente ele teria descoberto no encontro com o inconsciente aquilo que ele, em vão, buscara na doutrina. A respeito da dogmática, ali se diz que não passa de tagarelice vazia.

Quem diz isso não faz justiça à Dogmática. Nos últimos anos, descubro em mim novo apreço pela Teologia, portanto, o ensino sobre Deus, e por seus esforços em compreender a fé em palavras e conceitos. Destarte, acho fascinantes e enriquecedoras as especulações que as pessoas fazem sobre Deus, como se esforçam, recorrendo, por exemplo, à Filosofia, para explicar e compreender Deus. Acho também legítimo e importante que – e isto é, mais uma vez, outro método – uma comunidade religiosa procure definir quais são os sinais distintivos de sua fé e que consequências daí resultam para a vida das pessoas que pertencem a essa comunidade de fé.

No entanto, por mais interessante que eu ache os temas da Dogmática, como a doutrina sobre Deus, a Cristologia e a Eclesiologia, e por mais que eu considere importante a discussão científica e teológica em torno disso –, para mim elas não são de importância real e decisiva no que diz respeito ao meu relacionamento pessoal com Deus.

ANSELM GRÜN: Eu próprio obtive um doutorado em Dogmática. Assim, gostaria de defender a Dogmática. Alguns acham que tal ciência seria apenas teorética e frágil. Para mim, no entanto, a Dogmática é a arte de deixar aberto o mistério. Receio uma Teologia que quisesse explicar tudo. No final das contas, Deus permanece sempre inacessível. A Dogmática é a arte de conservar o mistério do Deus incompreensível.

Gostaria de explicar isso com um exemplo: quando digo: "Jesus não passava de uma pessoa religiosamente dotada", então eu o nivelo ao que eu conheço – ao detectável. Eu resolvo um mistério. Quando digo: "Jesus era o Filho de Deus", então, no final das contas, não sei o que isso realmente significa. Entretanto, deixo aberto o mistério de Jesus. Recuso-me a descrevê-lo com as categorias de um noticiarista. Eu respeito o mistério de Jesus, o incompreensível nele. E, assim, Jesus permanece um desafio para mim. Não posso descansar porque eu o expliquei de tal maneira que Ele já não pode ser perigoso para mim.

WUNIBALD MÜLLER: Os dogmas da Igreja que contêm a doutrina sobre Deus e com os quais a Dogmática também se ocupa testemunham grande interesse e esforço em explicar Deus. Dou razão ao

Irmão Davi Steindl-Rast (2003: 25s.), beneditino como tu, quando ele diz que a doutrina cristã sobre Deus exige "pensamento autocrítico agudo, mas sóbrio, e ao mesmo tempo ardente experiência pessoal de Deus. Quando, porém, estas duas coisas se juntam, então derrete-se o gelo teísta dos dogmas e brota a água que dá vida".

Mais adiante, o Irmão Davi Steindl-Rast afirma que nos dogmas, os quais devemos aos Padres da Igreja do primeiro século, está realmente contida a pioneira experiência de Deus de Jesus, mesmo que em forma quase irreconhecível. "Na superfície, teólogos fazem malabarismos com conceitos. O que eles, porém, expressam era – disso eles mesmos muitas vezes inconscientes – a emoção do próprio coração da experiência pessoal da realidade divina. Sem a restrição nocional, Jesus falara a esse respeito de maneira vigorosa e convincente. Conceitualmente congelada, porém, a água vivente foi transmitida e conservada para um futuro tempo de degelo. Estamos no limiar de nosso futuro. Ele começa a derreter-se."

ANSELM GRÜN: Para mim, em todas as formulações dogmáticas trata-se sempre da pergunta: que experiência esconde-se por trás dessas afirmações? O que as pessoas experimentaram, a ponto de ousarem tal formulação? Quando os teólogos da Igreja primitiva lutaram tão veementemente pelas formulações adequadas, como a natureza divina e a natureza humana em Jesus se conjugam, então isso era sempre também uma peleja pela correta autocompreensão do ser humano. Com sua teologia, eles queriam fazer justiça ao ser humano e ao seu mistério. Quando, por trás de todas as declarações dogmáticas, descubro a experiência que as primeiras pessoas fizeram com elas, então elas também podem ajudar-me a fazer experiência semelhante. Compreendida nesse sentido, a Dogmática torna-se altamente fascinante. Ela pretende conduzir-me à experiência do Deus incompreensível.

Não entrincheirar-se por trás de afirmações dogmáticas

WUNIBALD MÜLLER: Às vezes tenho a impressão de que no momento em que nos voltarmos a mover para a força originária da mensagem de Jesus, aquelas forças que tentam impedir o processo de descongelamento se tornarão mais fortes, buscando intensificar o eterno gelo do dogmatismo e do legalismo. Isto acontece muitas vezes devido ao medo de, no final, ficarem vazias, de já não terem nada na mão, também nenhum conceito. No entanto, elas não precisam ter medo algum, pois, se elas não impedirem o processo de degelo, aproximam-se daquilo que elas – certamente com boa intenção – desejam conservar, por certo, e eventualmente de maneira tão fundamental, que somente a conservação, não mais o conteúdo, fica em primeiro plano.

Descongelar aqui significa, para mim, descobrir o tesouro que repousa nos dogmas da Igreja. Encontrar novo olhar, nova dignidade para o conteúdo da conservação. Agradecer àqueles que, por seu serviço, "conservaram" a fé em dogmas e estruturas, e ao mesmo tempo, porém, não descuidar de descobrir e de inflar nos próprios corações o conteúdo, o núcleo da fé, impulsionado pelos dogmas e reforçado por eles. Isto não acontece sem tensão – nem para aquele que gostaria de permanecer em sintonia e conexão com sua comunidade de fé e com o ardor da fé desta, nem para aqueles que se consideram os pais desta comunidade de fé. Preanunciam-se a paciência, o respeito e, acima de tudo, o amor, o único que pode explodir toda espécie de formalismo e dogmatismo.

Com efeito, estou convencido de que, finalmente, enxergamos através de tudo o que é superficial a fim de nos deparar com *o que* é e permanece indizível, incompreensível, "*uma* realidade elevada, até mesmo incompreensível e indescritível" (DENZINGER, 1991: 360).

ANSELM GRÜN: Quem se entrincheira por trás de afirmações dogmáticas, ou as utiliza como armas contra os outros, troca a linguagem dogmática pela linguagem dominante dos tiranos. Ainda que a Dogmática procure falar em conceitos, tais noções são e permanecem, no final das contas, imagens.

A Dogmática também não pode determinar Deus. Ela apenas estabelece as molduras dentro das quais podemos contemplar Deus. As imagens da Dogmática são janelas através das quais nós podemos olhar para o Deus infinito e incompreensível. Ela apenas abre as janelas corretas. Nem todas as janelas, no entanto, abrem-se na direção de Deus.

WUNIBALD MÜLLER: Às vezes, porém, a Dogmática também bloqueia o olhar para Deus a partir de definições estreitas. Representações de fé – jamais deveríamos nos esquecer disso – podem também nos enclausurar, podem contribuir para que nos fechemos na vida, para que não vejamos nem sintamos nem valorizemos as possibilidades da vida. Quantas pessoas, no entanto, já não sacrificaram sua vivacidade à determinada teologia ou à determinada fé? Não deve ser assim!

Teologia, eclesialidade e espiritualidade estimulam nossa vivacidade quando elas valorizam e incrementam nosso fluxo vital interior, também quando tiverem reconhecido a dimensão espiritual desse tal fluxo. Para aqueles que se entrincheiraram em suas concepções teológicas e, às vezes, eclesiais, isto pode tornar-se um grande desafio. Presumivelmente, eles só vão assumir esse desafio quando – para expressá-lo espiritualmente – Deus descobrir nos conceitos deles uma brecha mediante a qual *Ele* encontre acesso.

Quando forem demolidos os muros de ideologia e de conceitos que condicionaram nosso olhar para Deus, então também nossas diversas tradições, nossas diferentes ortodoxias e ortopráxis não nos impedirão de nos encontrar no respeito e no amor. Com efeito, não deveria também haver qualquer grande diferença entre o pastor e o rebanho no interior da respectiva comunidade de fé e de confissão. Efetivamente, a ortodoxia não deveria ser mais importante do que a ortopráxis, a qual, porém, só pode ser e será a realização e o reavivamento do amor. "Se não tivesse o amor, de nada me serviria", diz-se na Primeira Carta de Paulo aos Coríntios, no cap. 13.

Imagens do Deus incompreensível

ANSELM GRÜN: Quando compreendo as afirmações dogmáticas como imagens do Deus incompreensível, então permaneço humilde também na discussão com teólogos de outras confissões, ou também com representantes de outras religiões. Sei que somente Deus é a verdade. Jamais temos posse da verdade. Podemos confiar que as afirmações dogmáticas se aproximam da verdade, que elas apontam para a justa direção, que elas contêm uma ponta da verdade de Deus.

Contudo, a verdade por inteiro não se deixa resumir em palavras humanas. Somente Deus é a verdade por completo. Esta verdade foge à nossa presa. Só podemos apenas fazer declarações verdadeiras sobre a verdade, em última análise, inacessível. Quando os teólogos, em suas discussões, estão conscientes disso, seu diálogo traz a marca da atenção e do respeito. E eles se tornam abertos à possibilidade de que as afirmações do outro também descrevam um aspecto da verdade, o qual até então eles não haviam considerado.

WUNIBALD MÜLLER: Até lá, porém, existe um longo caminho que pressupõe que eu me liberte de influências externas que me limitam, que me obscurecem o olhar. Devo desvencilhar-me de ideologias, dogmatismos, verdades que não podem harmonizar-se com o amor. Tais verdades só servem, pois, só têm importância quando colaboram para o encontro com Deus, quando o favorecem. Quando contribuem para que nosso interior como amor, no qual o próprio Deus está presente, possa fluir para fora e, ali, assuma forma num fazer concreto.

Quando estou em contato com o mais íntimo de mim mesmo, estou perto de Deus. No mais profundo de mim mesmo encontro Deus, ali o próprio Deus está presente. Posso intuir sua incompreensível e misteriosa presença, talvez até mesmo sentir e perceber, quando no muro que me rodeia, que rodeia meu íntimo, abre-se uma fresta e me torno permeável. Pode-se também dizer, pois, que só estou realmente em contato com o mais íntimo de mim mesmo quando estou em contato com Deus. Portanto, se eu quiser entrar em contato com minha profundidade, preciso estar aberto a entrar em contato com Deus. Aqui não o posso evitar. É como nos sonhos que me confrontam inevitavelmente com a realidade e a verdade de minha vida. Se estou disposto a envolver-me com meus sonhos, então devo estar preparado para confrontar-me com a realidade e com a verdade de minha vida.

Os dogmas e a doutrina de uma igreja estão a serviço deste voltar-se para Deus. Enquanto eles contribuírem para isso, estão realizando sua tarefa; caso não cooperem com isso, caso dificultem esse voltar-se para Deus, então perdem sua justificativa.

ANSELM GRÜN: Todas as afirmações dogmáticas têm, para mim, uma tarefa: proteger a dignidade e o mistério dos seres humanos. Elas servem, no final das contas, ao ser humano. C.G. Jung, certa vez, disse que Deus seria a imagem arquetípica mais forte. Quando esta imagem está doente, todo o ser humano adoece. Por conseguinte, o trabalho dogmático na correta imagem de Deus é, no fim das contas, um trabalho terapêutico. Ele serve ao ser humano para que descubra uma imagem de Deus sanativa, que também sirva à sua cura.

De acordo com uma palavra do filósofo judeu Max Horkheimer, as complicadas afirmações dogmáticas têm a tarefa de manter acesa, em nossa sociedade, a saudade pelo totalmente Outro. À medida que a Dogmática não se deixa manipular pela linguagem midiática, ela mantém desperta a nostalgia pelo totalmente Outro. Para Horkheimer, no final das contas, isto é um serviço à sociedade. De fato, toda sociedade tende a ser autoritária. Sentimos bem de perto, hoje, essa tendência quando tudo o que fazemos é avaliado a partir da perspectiva financeira. Isto não faz bem ao nosso convívio.

WUNIBALD MÜLLER: Agrada-me quando o filósofo Jean-Luc Nancy, em seu livro *Desconstrução do cristianismo,* demonstra como o cristianismo mesmo cuida para que não se torne dogmático à medida que passa a própria mensagem inadvertidamente. "O cristianismo acredita em um Ausente que está, ao mesmo tempo, presente; em um ÚNICO, que, em si, está dividido de diversas maneiras" (apud ASSHEURER, 2009: 79). Desde tempos imemoriais o cristianismo tem-se deixado "envolver pela morte de Deus".

Eis uma maneira e uma medida de se falar de Deus, as quais, para mim, são precondição para falar seriamente de Deus, ainda que, em minha concepção, até mesmo isto não passe naturalmente de um inútil balbuciar sobre Deus.

2
Deus e a Igreja

Os primeiros vestígios da fé em Roma

WUNIBALD MÜLLER: Quando voltei ao Vaticano, após um passeio noturno por Roma, não pude conter o fascínio que a Catedral de São Pedro, iluminada por refletores, exerceu sobre mim. Contudo, por mais imponentemente que a Igreja Católica se apresente aqui, vale também para ela que, *conspectu aeternitatis*, "perante a eternidade", ela representa, por um momento, algo que é efêmero – nada mais que um sopro que, mal exalado, volta a desaparecer. A Catedral de São Pedro não tem nem 500 anos; o cristianismo tem cerca de 2.000 anos.

Quando cheguei ao meu alojamento no Vaticano, na Casa Maria Marta, fui à escura capela da pousada. A escuridão, o silêncio, o contorno da cruz – eles convidaram-me a deter-me e a entrar em contato com meu mundo interior e com Deus. Neste lugar, nesta capela, senti-me bem. Esta atmosfera que ali experimento, é isto que ligo à Igreja. Não a atmosfera clerical que me rodeou quando entrei na Casa Maria Marta. Não tenho problema algum em aceitar isso, mas não é meu mundo. A capela na Casa Maria Marta é meu mundo. Ela representa o mundo da eternidade quando mergulho em minha profundidade, quando afundo na relação com o eterno, com Deus.

Ora, poder-se-ia dizer que este mundo do eterno existe também fora da Igreja. Isto é justo também. No entanto, para mim, também tem grande importância o fato de a maneira pela qual modelo meu relacionamento com Deus estar ligada a oferendas e rituais que foram conservados. Eles podem contribuir para aprofundar minha relação com Deus e expressá-la juntamente com outros. No caso, penso acima de tudo na liturgia, de modo especial a celebração eucarística ou a Ceia do Senhor.

ANSELM GRÜN: Estudei em Roma de 1967 a 1971. Do Ateneu Santo Anselmo podíamos ver o Vaticano pelo buraco da fechadura. Frequentes vezes encontrava-me na Basílica de São Pedro. Contudo, mais do que o Vaticano, interessavam-me as antigas igrejas: São Clemente, com o antigo santuário do deus Mitra, embaixo da igreja, o Coliseu e a história romana no Capitólio. Em Roma, não se respira apenas ar eclesiástico, mas a atmosfera de uma história primordial. Esta história ligou-se à história da Igreja. É fascinante viver nesta cidade. Gozei da atmosfera internacional.

No Santo Alsemo, convivemos com confrades oriundos de diversas nações em espaço restrito. Ali, tomamos parte em seu destino, mas era, ao mesmo tempo, um gueto eclesial. Contudo, em Roma também existem comunidades de base que expressam sua fé de maneira vívida.

Para mim, foi um desafio rastrear as origens de minha fé nesta cidade, infiltrar-me, a partir dos altos e baixos da história da Igreja, na base e ali desvelar o fundamento de minha própria fé. Quando, com padre Godehard, cantamos música coral em Santo Anselmo, era a fé viva. Os antigos textos, então, despregavam sua força espiritual. Assim, também em Roma fiz importantes experiências espirituais.

WUNIBALD MÜLLER: Há alguns anos, visitei as escavações arqueológicas sob a Igreja de São Pedro. Aqui deve achar-se a tumba de Pedro, o qual deve ter morrido durante a perseguição dos cristãos sob Nero, no ano 64, conforme nos "Anais" de Tácito. Se se trata realmente de sua tumba, não se sabe. No entanto, já 160 anos depois de Cristo, desenvolveu-se uma tradição segundo a qual se trata do túmulo de Pedro.

Esta simples ideia já é fascinante. Também a ostentação de grandiosidade aqui, no Vaticano, tem algo de fascinante; ao mesmo tempo, porém, algo que distancia. O que existe para ver "embaixo", nas escavações, toca-me muito mais. Quando desço à profundidade e observo o que se encontra ali embaixo ou por trás, então aquilo que se descobre a respeito perde em importância. Isto acontece porque já não consigo impedir-me de abrir-me ao cerne, ao essencial.

Na proximidade imediata desta região, cristãos foram assassinados, entre eles, talvez também Pedro. Muita coisa justifica o fato de que, desde então, Pedro seja venerado neste lugar. O que daí se desenvolveu encontra sua expressão, de algum modo, neste local, nesta igreja. Acho isso deslumbrante. Às vezes é preciso descer à profundidade a fim de encontrar o *genius loci*, o "espírito do lugar", que parece evanescer-se na consistência da Igreja de São Pedro.

ANSELM GRÜN: Para mim é igualmente fascinante que este simples pescador, Pedro, tenha vindo da idílica Cafarnaum para a então capital do Império Romano. Lucas nos conta que Paulo apelou ao imperador e, por essa razão, foi transferido da prisão em Jerusalém para Roma. Ali anunciou corajosamente o Evangelho de Jesus Cristo. Com todos os aspectos sombrios da história da Igreja romana, impressiona-me, no entanto, que os cristãos não se tenham escondido, mas aventuraram-se por todas as cidades importantes do mundo de então e começaram o diálogo com a filosofia grega e latina. Isto tornou o ensinamento cristão atraente para todas as pessoas.

Quando contemplo os primeiros vestígios da fé em Roma – sobretudo nas catacumbas –, então também um calafrio percorre minha espinha dorsal. Ali, pessoas viveram sua fé no subsolo. No entanto, em determinado momento, a fé delas, a partir de baixo, atravessou toda a sociedade, abrindo-a para o Espírito de Jesus Cristo.

Para mim, esta é uma bela imagem para nós. Às vezes, tenho também a impressão de que a fé no Deus de Jesus Cristo mal desempenha um papel na população como um todo. Contudo, tenho confiança em que nós – quando vivemos autenticamente nossa fé nas catacumbas do mundo de hoje, no anonimato dos espaços silenciosos da oração – transformamos este mundo e o contagiamos com o Espírito de Jesus Cristo.

WUNIBALD MÜLLER: Quando, em outra ocasião, visitei o túmulo de Pedro, detive-me brevemente diante do maravilhoso túmulo, situado por trás do vidro, e rezei. Rezei pela Igreja Católica, minha Igreja, para que o bem brote dela. E, como se quisesse conservar algo do *genius loci* redescoberto, toquei o túmulo com duas pequenas cruzinhas que eu havia comprado na loja de objetos religiosos na frente da instalação do sepulcro. Isto me recorda minha carência, minha necessidade de materializar algo que não posso materializar – em vez de contentar-me e cuidar do que corresponde à única maneira adequada de ligação com Deus e de expressão dele: no Espírito e na Verdade.

ANSELM GRÜN: É uma necessidade primordial do ser humano expressar a fé consistentemente. Há alguns anos fui convidado a falar em um congresso de terapeutas sobre o tema "Magia e Religião". Então veio a ideia de que a magia não é algo ruim, mas corresponde à necessidade humana de expressar a fé em formas concretas.

A magia só falsifica a fé quando queremos manipular Deus e dispor dele. A autêntica magia não quer dispor de Deus; tem apenas a necessidade de tocar em Deus e no divino. Para isso, ela precisa de relíquias, do beijo no altar ou de estátuas sagradas. Já nos primeiros séculos os cristãos conservavam seus lenços sobre os túmulos dos mártires a fim de participarem de sua fé. Podemos rir disso, mas se trata de uma necessidade sã o fato de nossa fé alimentar-se da fé de outras pessoas. Com o contato das cruzinhas, você queria que sua fé fosse fecundada pela fé de Pedro.

Descer ao fundamento da Igreja

WUNIBALD MÜLLER: A Igreja é também, de certa maneira, a tentativa de "materializar" algo de Deus. Em uma discussão, C.G.

Jung levantou no ambiente a questão de se Deus precisava de algo como a Igreja como receptáculo para expressar-se. Ele o negou. Para ele, esse "vaso" é o próprio ser humano. Eu não sei do que Deus necessita. Sei que estou feliz de que haja igrejas, e gosto de ser membro de minha Igreja.

O sangue dos mártires é o sêmen da Igreja. Eles derramaram seu sangue, do qual surgiu e surge algo que nos convida a testar a nós mesmos, a fim de vermos quão próximos ou quão distantes estamos de nossa origem. Em que empenhamos nosso sangue, nossa vida. No que se transformou nosso sêmen. Ainda que nós, com o tempo, ao longo dos séculos, possamos ter-nos afastado de nossa origem, mesmo que, exteriormente, muito do que nos foi designado não se tenha desenvolvido, deveríamos, nós mesmos, a partir das distorções, caso dediquemos tempo para isso e observemos com exatidão, distinguir o que é autêntico.

Em tal condição, pode ser útil descer à profundidade, voltar ao começo, entrar em contato com a origem. Isto pode contribuir para que o presente seja visto novamente mais à luz dos começos. Pode ajudar a compreender melhor o que se deteriorou no desenvolvimento. Ou pode cooperar para entender por que o que havia e valia no começo simplesmente desenvolveu-se desta maneira. No entanto, o que se desenvolveu pode também continuar a desdobrar-se – ajudado e praticado à luz do início. Às vezes é preciso primeiramente ir ao fundo ou até mesmo afundar a fim de voltar de lá. Isto vale também para a Igreja.

ANSELM GRÜN: Para mim, descer à profundidade da Igreja significa ler sempre de novo a Bíblia e compreender o que Jesus quis dizer. Contudo, aprofundo-me também nos escritos dos primitivos Pais da Igreja. Como eles compreenderam Jesus? Como compreenderam a Igreja? Para os primeiros Padres da Igreja, a experiência da comunidade na fé, a comunidade da Igreja, era muito importante. Eles falaram da Igreja em imagens maravilhosas.

Justamente hoje, quando falamos tão criticamente da Igreja, pergunto-me pelas experiências que esses primeiros cristãos e primeiros Padres da Igreja fizeram com a Igreja. Apesar de toda a fragilidade, para eles a Igreja era, no entanto, a experiência de que o Reino de Deus fez-se visível, visto que judeus gregos, homens e mulheres, pobres e ricos, cultos e ignorantes podiam conviver em paz. É a fascinante experiência de Paulo contida nas seguintes palavras: "Não há judeu nem grego, não há escravo nem livre, não há homem nem mulher; pois todos vós sois um só em Cristo Jesus" (Gl 3,28).

Pensar a partir de Deus

WUNIBALD MÜLLER: Em se tratando de Deus, não posso apenas pensar e agir somente a partir de mim, da tradição ou da Igreja. Posso, isto é, devo pensar e agir a partir de Deus. No caso, podem ajudar o zen ou também formas que ultrapassam a perspicácia. Elas podem conduzir-se a uma amplidão e profundidade que fazem explodir nossas concepções, construções mentais e suposições de Deus, às vezes muito estreitas, meticulosas e complicadas.

Quão rapidamente corremos, pois, o risco – isto vale para o bispo não menos do que para as pessoas comuns – de encobrir Deus com nossas representações do que ele aparentemente deseja, em vez de nos deixar inspirar e guiar pela incomensurabilidade de Deus naquilo em que cremos e no que consideramos correto. Pensar a partir de Deus significa também a cada vez pensar a partir da eternidade e da imensidade. Deus será sempre e eternamente nosso Deus. Jerusalém e Roma desaparecerão. Deus não desaparecerá. Eu perecerei, e presumivelmente, aquilo a que chamamos mundo também afundará em algum momento.

ANSELM GRÜN: Não apenas Jerusalém e Roma naufragarão. Também o que escrevemos sobre a fé não subsistirá. Os livros são lidos. Alguns anos depois, porém, já ninguém pensa neles. Tampouco nossas ideias são interessantes para todas as pessoas. Elas alcançam apenas algumas. Daí brota, então, uma permuta, um relacionamento. No entanto, isto é sempre limitado. Deus é ilimitado. Diante de sua eternidade, tudo o que fazemos empalidece. Desbota-se o imponente edifício de São Pedro. Desvanecem-se todas as tentativas teológicas e espirituais de escrever sobre Deus, a fim de aproximar Deus das pessoas.

Nossas palavras podem abrir portas para que Deus chegue às pessoas. Deus, porém, não precisa dessas portas. Ele atinge as pessoas aqui e ali, quando e como ele quer. Ele pode dirigir-se às pessoas sem que estas leiam um livro. Efetivamente, ele está em cada coração e tem acesso a cada coração. O que a Igreja, o que nós podemos fazer é apenas abrir os corações a este incompreensível Deus do amor.

WUNIBALD MÜLLER: Sim, esta é, esta seria a tarefa da Igreja. A Igreja deve nos facilitar o acesso para Deus, às vezes também pavimentá-lo – e não dificultá-lo ou obstruí-lo. "A Igreja deve e quer ser tão somente um edifício, uma construção ou templo do Espírito de Deus. Ela tanto mais o será quanto mais, no Espírito, consciência tem de sua relatividade, e é esforçada" (SCHÜTZ, 1988: 604). A Igreja deve rotar em torno de Deus.

Por muito tempo tive dificuldade de mencionar a santa Igreja Católica no Credo. Com efeito, percebo que minha Igreja, mas também outras igrejas, muitas vezes não são nada santas. Joseph Ratzinger (2005: 321ss.), em sua *Introdução ao cristianismo* discute também a *santa* Igreja Católica. A este respeito, entre outras coisas, escreve ele:

"Os séculos da história da Igreja estão tão repletos de todas as falhas humanas que [...] parecem compreensíveis as terríveis palavras do bispo parisiense Wilhelm von Auvergne (do séc. XIII), ao dizer que, diante da degradação da Igreja, quem a visse, ficaria petrificado. 'Noiva' já não é, mas um monstro de medonha deformação e selvageria [...]. Eu confesso: para mim, precisamente a pecaminosidade da Igreja tem em si algo de infinitamente reconfortante. Com efeito, não ficaríamos desanimados diante de uma santidade que seria imaculada e que só agiria sobre nós de maneira crítica e causticante? Na maioria das vezes, a Igreja não se encontra lá onde se organiza, reforma-se, governa-se, mas naqueles que simplesmente creem e recebem aqui o dom da fé, que se transforma para eles em vida".

Tenho consciência desta Igreja e creio na Igreja santa. A Igreja que, agora, de quando em vez, já se mostra. Que está motivada em conduzir as pessoas à santidade. Que, a fim de que isso aconteça, não vai de braços dados com as tendências sociais de expor atitudes mercantilistas que exploram espiritualmente as pessoas. É uma Igreja que apresenta outro ritmo. O ritmo da dança cósmica, a dança da criação, a dança da libertação, que nos livra do jugo do "tu deves", "não podes", "és obrigado a".

ANSELM GRÜN: Certa vez, o pedagogo da religião Albert Biesinger disse, com razão, que não deveríamos mentir para as crianças a respeito de Deus. Assim, é também nossa tarefa, como Igreja, não ludibriar as pessoas a respeito de Deus, mas deixar aberta, neste mundo, a questão sobre Deus. Conforme já foi mencionado, nisto enxerga também Max Horkheimer o trabalho das religiões: mediante seu anúncio e seus rituais, devem manter desperta a nostalgia do totalmente Outro na sociedade. Com isso, elas prestam um serviço à sociedade, a qual, assim, é preservada de se absolutizar. Manter viva a saudade do totalmente Outro é a condição para que a sociedade permaneça humana e renuncie a ceder espaço às tendências absolutizadoras da economia e da política.

Em um curso durante a Páscoa, uma estudante me contou que viera com gosto a Münsterschwarzach porque seria um dos poucos lugares na Igreja no qual não se trata dos típicos problemas eclesiais como "o papa e a pílula", mas de Deus. As pessoas têm ânsia de que as ajudemos a experimentar sua nostalgia de Deus e a seguir de tal modo esse anseio que experimentem Deus como o mistério que as sustenta.

Somente Deus é a verdade

WUNIBALD MÜLLER: O que realmente conta não é quantas igrejas nós temos, quantas vezes frequentamos a liturgia, quantos símbolos religiosos podemos ostentar. O que importa é deixar que Deus entre em nossa vida e em nosso cotidiano, seja no ambiente de trabalho, na parceira, no encontro íntimo ou superficial, na oração, no serviço ao próximo. O que vale é que Deus irrompa em nossa vida e em nosso dia a dia, que seja superada a separação entre sagrado e profano. O importante é que Deus não esteja encarcerado nas igrejas ou nos rituais, mas que possa ser experimentável em sua incomensurabilidade como onipresente.

Com efeito, as igrejas são instalações em lugares que acentuam o que já é sempre também fora deles. Há lugares que lembram e estimulam a abrir as portas de nosso cotidiano para Deus, de modo que sua força inspiradora e sanativa aja em nosso viver – e, depois, um dia, também em nosso morrer. Para mim, isto inclui, não está de forma alguma em oposição a crer em Deus tal como aprendi em minha Igreja. Ao contrário: diante deste pano de fundo é que Ele chega a brilhar e reluzir apropriadamente.

A Igreja, por exemplo, cuida para que seja garantido o cenário da celebração eucarística. A Igreja cria estruturas que devem ajudar a cuidar da relação com Deus e com Cristo, e mostrar e aplicar as consequências que daí resultam. Para mim, é importante minha pertença à Igreja Católica. Sou católico plenamente consciente. Embora haja algumas coisas que não me são apropriadas, aquilo que me satisfaz supera o que me incomoda.

Cuido de minha relação com Deus e a vivo no contexto de minha Igreja, principalmente na celebração da Eucaristia. No entanto, minha relação com Deus, minhas experiências espirituais não estão determinadas pelas "molduras católicas". Tão pouco quanto Deus se deixa reduzir ao que constitui a Igreja Católica ou ao que ela diz sobre Ele, tanto menos posso limitar Deus, minha compreensão a respeito dele, sobretudo minha experiência com Ele, ao que uma comunidade de fé professa.

ANSELM GRÜN: Quando, para nós, trata-se realmente de Deus, então as discussões sobre o futuro da Igreja perdem a penetrante exigência de ter razão. Nenhum de nós tem a verdade. Somente Deus é a verdade. Jamais podemos possuir a verdade, mas somente dela nos aproximar. Também não podemos possuir Deus. Quando nos abrimos a esse Deus incompreensível e a Ele nos doamos, então Ele nos mostrará caminhos concretos de como podemos bem lidar com a questão das futuras estruturas na Igreja.

O decisivo é que, em todas as questões, não se trata do poder ou da manutenção do poder, mas de que Deus se mostre a nós e de que as pessoas sejam interpeladas em sua ânsia por Deus. Quando Deus se torna o ponto central, o ser humano chega ao seu núcleo, a Igreja também encontra seu centro, a partir do qual ela pode planejar seu futuro.

3
Deus revela-se em tudo

A experiência espiritual coroa nossa vida

WUNIBALD MÜLLER: Já nos entretivemos bastante longamente sobre Deus e nisso partimos do pressuposto de Deus e de sua existência. No entanto – e acho importante recolocar sempre de novo esta pergunta – não é absurdo crer em Deus? Acalentar a ideia de que existiria algo como Deus, que influencia nosso presente e nossa realidade, que existiria, pois, *outra* realidade, que interfere em nossa vida, e isso de maneira tão vigorosa que outras influências nada podem contra ela?

Este, porém, é o ponto decisivo: trata-se de penetrar na *realidade de Deus* e permitir que ela penetre nosso mundo. Ver, admitir Deus como realidade e, a seguir, entrar em contato imediato com Ele. Superar o fosso que – aparentemente – existe entre mim e Deus. Esse fosso "imundo", como certa vez o chamou um filósofo.

A esse respeito, lembro-me de um poema de Rainer Maria Rilke (1986), do qual cito um extrato:

Olha, Deus vizinho

Olha, Deus vizinho, quando às vezes eu
em noite avançada te perturbo com pancadas fortes –
assim o é porque raramente te ouço respirar
e sei: estás sozinho no salão.
E se precisas de algo, não há ninguém
que te ofereça um trago às tuas mãos tateantes:
estou sempre atento. Ao menor sinal teu,
estou completamente junto.

Existe apenas uma tênue parede entre nós,
por acaso; pois, poderia acontecer que,
a um pequeno apelo de tua boca ou da minha –
e ela desmoronaria
completamente sem ruído ou alarido.

ANSELM GRÜN: Sim, existe apenas uma parede fina entre Deus e nós. Deus está sempre aí. Ele é a própria realidade que nos envolve, na qual vivemos. Fascina-me a espiritualidade céltica, tal como também penetrou na espiritualidade cristã da Irlanda. Esta espiritualidade fala da presença universal de Deus na criação.

Deus nos envolve em toda parte. Em tudo Deus nos circunda. O Espírito de Deus penetra os mares e os rios, as montanhas e os vales, as pedras e os prados, os bosques e as fontes. Em toda parte o amor de Deus e sua presença curadora nos encontram.

WUNIBALD MÜLLER: Não há nada em nossa vida que, de alguma maneira, não tenha sido influenciado ou tocado por Deus. O muro entre Deus e nós – é um muro que construímos ou que sempre voltamos a erigir – não existe para Ele. Deus age desembaraçadamente em nossa vida.

Depende de nós descobrirmos Deus em nossa vida. Se vemos todas as experiências – as belas e as medonhas, as experiências-limite e a experiências-ápice – como separadas umas das outras, experiências que se sucedem umas às outras, que simplesmente passam, ou se as vemos, interpretamos e valorizamos a partir do ser e da ação de Deus. Se fizermos assim, elas serão reconhecidas em sua importância própria e coroadas com o sentido que lhes é inerente, tornando-se experiências espirituais. A experiência espiritual coroa nossa vida. Sem ela, nossa vida permaneceria descoroada.

"Para que Deus em tudo seja glorificado"

ANSELM GRÜN: São Bento criou uma cultura de vida cristã. Para ele, era importante que as pessoas que visitam um convento reconheçam a presença de Deus e de Jesus Cristo em tudo o que elas veem. Isto começa já na saudação. O abade deve fazer genuflexão diante do hóspede e, nele, venerar o Cristo que é acolhido em cada pessoa humana. Isto se mostra na forma da liturgia, no tratamento recíproco, em como se constrói o convento e em como se conservam as instalações, na maneira como se toma o alimento e como se trabalha.

É um desafio constante que sejamos permeáveis a Cristo em tudo o que fazemos. À medida que tentamos, descobrimos que muita coisa em nós ainda não está cristianizada, que muita coisa ainda não está penetrada pelo Espírito de Jesus, mas, ao contrário, pelo espírito do ego, do poder, da ambição, da desmedida.

WUNIBALD MÜLLER: O teólogo Paul Tillich (apud FELDMANN, 2004: 57) escreve: "Quando me perguntam a respeito da prova do pecado original do mundo, tenho o costume de responder: a própria religião, isto é, uma cultura religiosa ao lado de um mundo dessas culturas – um templo ao lado de uma prefeitura, a Ceia do Senhor ao lado de um jantar cotidiano, a oração ao lado do trabalho, meditação junto da pesquisa, *caritas* perto de *eros* [...]" Dietrich Bonhoeffer expressou a mesma ideia quando nos desafiou a falar de Deus "não religiosamente", e não buscá-lo nas bordas da vida, mas em seu meio. Deus está em toda parte.

Uma espiritualidade que não quer limitar-se a experiências interiores boas, agradáveis, deve poder resistir à realidade do dia a dia, deve influenciá-lo. Deus respira em cada momento da nossa existência, atua em cada momento de nosso ser. Ele insufla vida em nós, dança conosco a cósmica dança da vida no sono, no trabalho, na oração, no nadar, no sorrir e no chorar, na experiência da dor e do prazer. Assim, Deus está sempre presente, sempre atuante, criador, parturiente. Não é maravilhoso? É maravilhoso. A partir disso Deus, em nossa imaginação, é conservado lá onde Ele sempre está: em nossa vida, em nosso dia a dia. A separação: aqui Ceia do Senhor, ali jantar, está supressa. Deus já não é relegado a assuntos dominicais secundários ou confinado a igrejas. "Deus é o fundamento, o horizonte e o autor de toda experiência" (ROLHEISER, 2004: 125).

ANSELM GRÜN: São Bento vê a meta de todo trabalho, de toda oração, de todos os esforços: "a fim de que, em tudo, Deus seja glorificado" – *ut in omnibus glorificetur Deus*. Ele escreve esta frase no capítulo sobre o trabalho manual. Deus deve ser glorificado no trabalho artesanal.

Ele enumera as condições para que, no trabalho, os operários não se glorifiquem a si mesmos, mas a Deus. É preciso a humildade, que não se vangloria das próprias capacidades, a liberdade em relação à fraude e à avareza. Os monges devem vender seus produtos sempre um pouco mais barato do que as pessoas do mundo. Nesta renúncia ao lucro máximo, Deus é glorificado. Na maneira pela qual trabalho e ajo, torna-se evidente que, para mim, trata-se de Deus e não de mim mesmo e de meu ego.

Nosso mestre de noviços, Padre Agostinho, explicou-nos detalhadamente no noviciado esta frase de São Bento. Ele a contrapõe ao princípio de Santo Inácio de Loyola, o qual estimula seus coirmãos a "encontrar Deus em tudo". Padre Agostinho dizia que, no princípio beneditino, Deus seria o sujeito, ao passo que no inaciano seria a pessoa humana; em contrapartida, Deus seria o objeto. Certamente, existe algo correto nessa interpretação.

No entanto, ainda outra coisa me parece importante: posso traduzir a frase de tal modo que Deus seja glorificado mediante nosso fazer, ou na forma ativa, que devemos glorificar a Deus mediante nosso agir. Contudo, posso também interpretar a frase diferentemente: que Deus possa ser manifesto em tudo, não somente no que fazemos, mas em tudo o que existe – na flor, na árvore, nas pessoas, no silêncio, na oração, no canto, na arte. A glória de Deus deve ser visível nas coisas. Na Bíblia, a noção de *doxa* tem sempre também o significado de esplendor divino. Devemos lidar de tal modo com as coisas deste mundo que possamos descobrir nelas o esplendor de Deus, que nele percebamos a glória de Deus que já se encontra nas coisas deste mundo.

Por conseguinte, para mim, a questão sobre Deus é também sempre uma pergunta pelo mundo. Com quais olhos contemplo o mundo? Enxergo em tudo a glória de Deus, o esplendor de Deus, a beleza de Deus? A arte seria, como Jesus, descobrir em todas as coisas o esplendor de Deus. Quando Jesus se denomina a verdadeira vinha ou se compara à porta, ao pão, à água, Ele nos mostra que podemos descobrir o mistério de Deus nas coisas deste mundo. Na vinha, podemos descobrir que o amor de Deus nos atravessa. No pão, podemos sentir que a Palavra de Deus nos alimenta. Na água, descobrimos que o Espírito Santo, tal como uma fonte, jorra em nós, refresca-nos e fortalece-nos.

WUNIBALD MÜLLER: Isto dilata a compreensão de espiritualidade. Então, alguém não é somente espiritual quando ou porque detém uma função religiosa, quando se faz chamar de frade, bispo, padre, guru, vai à igreja, participa de ato religioso, fala de Deus ou apela a Ele. Também a pessoa que através de sua aparência, por exemplo, de suas roupas, de maneira alguma lembra algo religioso, que não vai à igreja para ali rezar a Deus, adorá-lo, que não fala de Deus, pode ser uma pessoa profundamente espiritual, que em tudo percebe a glória e a beleza de Deus. Ela pode ter descoberto formas totalmente próprias de entrar em permuta com Deus, vive a partir da experiência da proximidade de Deus, na qual está ancorada.

Por conseguinte, posso também compreender quando as pessoas não se deixam impressionar por instituições e pessoas que aparecem com a pretensão de serem espirituais, mas que se distanciam disso em suas palavras e ações. As pessoas sentem – pelo menos quando observam bem e escutam seu coração – se tais indivíduos vivem consoante a própria pretensão, portanto, se estão deveras fundeadas em Deus ou não. Se e quando sua espiritualidade tem efeitos em sua vida e em seu cotidiano, e contribui para que possam lidar com as experiências-limite de sua vida, confrontar-se com o morrer e com a morte.

Deus está sempre presente

WUNIBALD MÜLLER: Segundo minha convicção, Deus está sempre presente, como sempre esteve e como sempre estará. Não está menos presente em um bar do que na natureza ou em uma igreja. Nós, porém, nem sempre estamos atentos, interiormente, sintonizados com a presença de Deus em nós e em nossa vida. Deus vive em nós e no meio de nós. Deus não se deixa reprimir em igrejas ou em atividades explicitamente religiosas.

Deus também não exclui ninguém. Está à disposição de tudo e de todos, de toda a criação, de todo o mundo e de todas as pessoas: dos pobres e dos ricos, dos prisioneiros e dos que vivem em liberdade, dos espiritual e corporalmente enfermos e dos sãos, dos velhos e dos jovens, dos homossexuais e dos heterossexuais, dos que governam e dos sem-teto. O decisivo é que garantamos o acesso de Deus ao nosso coração e à nossa alma, e que Ele esteja presente em nosso conhecimento e em nossa percepção.

ANSELM GRÜN: Sim, Deus está sempre presente. No entanto, Deus não está aí como um amigo a quem eu vejo. Deus está aí em sua incompreensibilidade, como aquele a quem não compreendo, que supera todo o meu entendimento, que por vezes também me parece obscuro. Karl Rahner, que foi meu orientador de tese e a cuja teologia sempre me sinto agradecido, advertia sempre para que Deus não fosse visto como demasiado pequeno, que não estivesse subordinado às nossas medidas humanas, visto como a solução para todos os problemas e questões.

Segundo ele, aí até que se esconde um grânulo de verdade. No entanto, só poderíamos dizer isso quando vemos Deus em sua obscuridade. Esse Deus incompreensível envolve-me sempre e em toda parte. Deparo-me com esse Deus ininteligível quando observo a mim mesmo, quando olho para o fundo de minha alma. Efetivamente, ela é também, no final das contas, inalcançável. A ininteligibilidade de Deus é também o lugar onde nos encontramos com os ateus. Com efeito, quando eles não creem simplesmente em sua mera racionalidade, mas consideram a fundo seu bom-senso, no final das contas deparam-se sempre também com o incompreensível. Daí, é questão de se nós compreendemos a incompreensibilidade de nossa existência como "vazia absurdidade da existência" ou como a ininteligibilidade de Deus, "que santifica" (RAHNER, 1978: 127).

WUNIBALD MÜLLER: Deus está aí. Está presente também nas zonas de guerra, em meio ao choque e ao pavor que se espalham por toda parte. Ele não se deixa expulsar. Ele está aí como o incompreensível, que escapa a todo apresamento exterior, mas está acessível a todos os que por ele anseiam e que dele necessitam. Deus está junto às pessoas que são expostas ao medo e ao pavor. Está junto aos homens, às mulheres, às crianças que, apavoradas, empreendem a fuga quando ainda lhes é possível. Está junto aos soldados que temem pela própria vida.

ANSELM GRÜN: O Deus que evoca em mim o pavor é uma das experiências de Deus. A outra diz respeito ao Deus que, em meio ao horror da guerra, do terror e das catástrofes naturais, está presente e se torna, para mim, abrigo diante do medo. Quando um infortúnio nos acontece, então temos muitas vezes a sensação de que Deus nos abandonou, de que se retraiu. No entanto, precisamente onde Deus parece estar ausente, porque não vem ao nosso encontro como aquele que protege e abriga, mas como o oculto, seria justamente o caso de acreditar na presença de Deus. Assim Deus poderia ser para nós escudo e abrigo.

Os monges dizem que é preciso retirar-se imediatamente para a árvore da oração a fim de se proteger das feras selvagens que ameaçam devorar. Acreditar na presença protetora de Deus em meio ao bombardeio terrorista não é fácil. Quem o consegue, porém, mesmo nas experiências traumáticas, ainda experimenta uma proteção que o preserva do trauma.

WUNIBALD MÜLLER: Aqui só podemos aludir ao fato de que Deus tudo entrelaça, está sempre presente, está aí em sua incompreensibilidade. Thomas Merton escreve, em uma carta à teóloga evangélica Rosemary Ruether (apud TARDIFF, 1995: 17): "Existe a sensação concreta de uma realidade que jaz profundamente e uma confiança nisto, ou seja, uma sensibilidade para a presença de Cristo em nosso mundo, e a certeza de que assim é. Contudo, essa presença está ali onde afirmamos que está? Apontamos com os dedos (em diversas direções), e tenho a horrível sensação de que todos apontamos para a direção errada".

Às vezes gostaria de que tivéssemos algo mais deste pudor e desta humildade quando falamos de Deus, de onde Ele habita, do que Ele pretende dizer, do que Ele quer, de onde Ele age, e assim por diante. Quanto mais recatados formos a esse respeito, quanto mais humildemente nos portarmos, talvez tanto mais próximos dele estaremos.

Parte IV

Razão de uma esperança

Tu
és a razão de minha esperança,
vives como mistério profundo em mim.

Se vierem dias de dúvida
e de incerteza,
quando muita coisa parece um grande autoengano,
então procuro
descer a fundo, confiadamente.

Porque Tu
através desta insegurança
me conduzirás à fonte da vida
a fim de que em mim possam também viver fraquezas e
impotência.

Então nada mais me faltará
E encontrarei abrigo em ti.

Pierre Stutz (conforme Sl 23,1)

1
Experimentar Deus

Perceber a presença e a ação de Deus em nossa vida

WUNIBALD MÜLLER: Uma coisa é refletir sobre Deus. Outra coisa é experimentar Deus, perceber sua presença e sua ação em nossa vida. Em todo caso, parto da existência de Deus, falo-lhe, a Ele rezo. No entanto, posso bem entender que outros não poderiam agir assim, que isso não seria verdadeiro para eles e simplesmente não faria sentido. Para mim é veraz; para mim faz sentido.

No entanto, não *sei* se Deus existe. Há, porém, uma certeza interior, e sigo meu desejo interior quando lhe falo e rezo a Ele. Nisso, muitas vezes experimento Deus como confidente, como um "Tu". No entanto, não é sempre assim: de fato, também conheço momentos nos quais Ele me parece estranho, experimento-o como distante de mim ou até mesmo ausente. Então existem esses momentos nos quais Ele está completamente próximo, totalmente em mim, no mais íntimo.

ANSELM GRÜN: Deveremos viver sempre com esta tensão: experimentamos Deus e não o experimentamos. Ele se mostra a nós e se retrai. Sentimos Deus como "Tu", mas depois Ele desaparece de nossa frente, a personalidade de Deus torna-se-nos estranha. Existem, pois, fases nas quais o Deus pessoal nos interpela, nas quais intuímos algo de Deus, quando contemplamos a beleza da criação, quando sentimos em nós uma energia interior, quando vivenciamos algo santo, quando sintonizamos com algo divino na música. Não podemos determinar Deus. Não devemos nos colocar sob pressão. Devemos também viver com o fato de que por muito tempo vivemos sem Deus ou distantes de Deus, que Deus se oculta na escuridão.

"Busco a Deus! Busco a Deus!"

WUNIBALD MÜLLER: O que você diz me lembra uma afirmação atribuída a Hegel. Ele teria dito: "Já como jovem filósofo, em Tübingen, aprendi: a vitalidade, a vida mesma é a fonte interior para experimentar Deus. Por essa razão, ainda hoje me deixo interpelar pela música de Johann Sebastian Bach, porque ela expressa muito claramente a passagem do humano para Deus e a dedicação de Deus ao ser humano" (apud MODEHN, 2009: 55).

No entanto, às vezes me pergunto: ainda somos realmente sensíveis e receptíveis à presença de Deus em nosso tempo e em nosso cotidiano? O teólogo Johann Baptist Metz fala da "evaporação de Deus", e com isso indica certamente, também, que Deus, em nosso mundo e em nossa percepção, desempenha um papel cada vez menor. Até o ponto em que Deus, para nós – no mais verdadeiro sentido da palavra –, se desvanece no ar.

Acredito também que perdemos cada vez mais a sensibilidade para Deus, para sua existência e sua atuação. Lembro-me de uma narrativa de Friedrich Nietzsche, descrita por ele em sua obra *A gaia ciência*: um maluco acende uma lanterna em pleno dia, corre à praça do mercado e grita: "Busco a Deus! Busco a Deus!" As pessoas zombam dele e perguntam: "Ele perdeu-se? Extraviou-se como uma criança? Tem medo de nós? Emigrou? O maluco endireitou-se e gritou: "Aonde foi Deus? [...] Vou dizer-lhes: Nós o matamos – vocês e eu! Deus está morto [...] e nós o matamos!" Então ele calou-se e despedaçou a lanterna.

Este texto me toca muito. A razão é que, com isso, Friedrich Nietzsche expressa algo que toca muito de perto nossa realidade: para diversas pessoas, hoje Deus já não é uma força que infunde sentido e confiança, que influencia o cotidiano delas. Para elas, Deus está morto. Não que elas, agora, necessariamente, neguem a existência de Deus. Para elas, no entanto, Deus só é encontrado exteriormente, na superfície, mas não lhes penetrou a alma e, por essa razão, não lhes é acessível à percepção.

Neste contexto, vêm-me à mente as palavras de C.G. Jung (1972: 25): "Muito poucos experimentaram que a figura divina é propriedade íntima da própria alma. Vem-lhes ao encontro um Cristo apenas exteriormente, mas jamais as encontra a partir da própria alma [...] enquanto a religião [...] resumir-se apenas à fé e a formas exteriores, nada de fundamental acontecerá".

ANSELM GRÜN: Certamente, para muitas pessoas, o problema é que Deus se tornou ineficaz. Não o percebem. Fala-se sobre Deus como a respeito de um tema interessante, mas que não nos diz respeito. Não muda nossa vida. Nos primeiros tempos falou-se sobre Deus e se experimentou, ao mesmo tempo, sua ação. Friedrich Nietzsche não está feliz pelo fato de que tenhamos matado Deus. Ele sofre com isso. Ele sabe que, por conta desse fato, o mundo torna-se mais frio.

A "morte de Deus" é também com certeza, uma oportunidade, pois acabamos de matar o deus de quem abusamos a fim de diminuir as pessoas e infundir-lhes medo. Contudo, não deveríamos jogar fora criança e bacia. Ao contrário, deveríamos continuar a buscar o Deus que – conforme a palavra de Paul Tillich, citado por você – necessariamente nos diz respeito, sobre o qual não podemos falar sem que sejamos tocados por isso.

A palavra de Nietzsche, que possuía fina sensibilidade para a carência humana, e que também sofreu, ele próprio, em suas idas e vindas entre fé e descrença, para nós é um desafio constante. O próprio Nietzsche dá a resposta ao seu texto sobre a morte de Deus. Ele diz: "Onde se acasalam desespero e anseio, aí existe mística". Quando Deus está morto para nós, isto nos leva ao desespero. No entanto, quando não ficamos encravados no desespero, mas o ligamos com nossa ânsia, então surge a mística, então entramos em uma experiência que só podemos descrever como mística. Não é certeza alguma a respeito da existência de Deus, mas é uma intuição que nosso desespero só pode ser curado quando confiarmos também na saudade de nosso coração a nos dizer que existe um Deus.

"Deus está em nós, mas nós nos encontramos fora de nós mesmos"

WUNIBALD MÜLLER: A decrescente sensibilidade para a presença de Deus em nossa vida e em nosso mundo não é também explicada pela crescente inquietação que parece dominar nossa vida? Perdemos a referência interior ao que nos conduz e sustenta. Já não fazemos a experiência de sermos parte de algo maior. Absorvemo-nos nas preocupações cotidianas pelo sustento, pela família, pela saúde. As crises econômicas e políticas aguçam nossas preocupações e receios. Devemos, então, esforçar-nos ainda mais, produzir muito mais, fazer muito mais.

Resta-nos sempre menos tempo para nos deter, centrar-nos em nós mesmos e levar adiante o que certa vez, de maneira bem-humorada, disse Karl Valentin: "Hoje vou visitar-me; espero que eu esteja em casa!" Enquanto, porém, não estivermos, uma vez mais, em casa, enquanto não voltarmos para nós mesmos, entrando em contato com o mais íntimo de nós mesmos, com nossa profundidade, com nossa alma, jamais nos tornaremos sensíveis e atentos à presença de Deus em nós e em nossa vida. Santo Agostinho disse: "Deus está em nós, mas nós nos encontramos fora de nós mesmos". Como poderíamos, pois, reconhecer, experimentar Deus, tornarnos sensíveis à sua presença?

ANSELM GRÜN: Minha experiência é a seguinte: quem não está em contato consigo mesmo não pode também entrar em contato com Deus. Quem não sente a si mesmo não consegue sentir a Deus.

Visto que nós, muitas vezes, não estamos conectados com nós mesmos, não podemos também estabelecer qualquer relação com Deus. Isto já o sabiam os antigos Padres da Igreja. Eles enxergam um estreito nexo entre a relação com nós mesmos e a relação com Deus. Assim dizia Cipriano de Cartago: "Como podes exigir que Deus te escute, quando tu mesmo não te escutas? Queres que Deus pense em ti; tu mesmo, porém, não pensas em ti". Quem não escuta a si mesmo, quem não tem sensibilidade alguma para os silentes impulsos de seu coração, não pode também construir qualquer relação com Deus. Quem não se sente à vontade consigo mesmo não pode também encontrar Deus em seu íntimo.

Outra experiência é expressa pelo escritor Evágrio Pôntico († 399/400) da seguinte maneira: "Se queres conhecer a Deus, então conhece primeiramente a ti mesmo". Muito tempo antes dele, Clemente de Alexandria († 211) faz com que o ser humano suba do autoconhecimento ao conhecimento de Deus: "Assim o parece, o mais importante de todos os conhecimentos é, portanto, conhecer a si mesmo; com efeito, se alguém conhece a si mesmo, então ele conhecerá a Deus".

Quando não nos conhecemos a nós mesmos, não podemos conhecer a Deus. Nosso discurso sobre Deus permanece, pois, apenas exteriormente. Falamos de projeções que direcionamos para Deus, mas não encontramos o Deus verdadeiro. Por conseguinte, quando alguém continuamente questiona Deus, tenho pouca vontade de demonstrar-lhe que Deus existe. Prefiro, pois, falar sobre ele mesmo e pergunto: "Você realmente conhece a si mesmo? Com que você se depara quando olha para dentro de si mesmo? Você se depara apenas com seu eu? Ou não existe em você um fundamento que é maior do que você?"

Onde descubro Deus, apesar de tudo?

WUNIBALD MÜLLER: Talvez a questão sobre Deus que me tem ocupado ao longo de toda a minha vida consciente até agora tenha a ver com esse fundamento que é maior do que meu eu consciente. Quando consulto meus diários, trata-se, então, de minhas tentativas de compreender os mistérios de meu pequenino mundo e aqueles do grande mundo, sempre em torno da pergunta: O que isso tem a ver com Deus? O que Deus quer dizer-me com isto? Onde descubro Deus, apesar de tudo? Parece-me que é como se eu quisesse encastrar isso em um horizonte mais amplo ou compreendê-lo a partir do pano de fundo de uma profundidade maior.

ANSELM GRÜN: Também eu estou agradecido por ter, no final das contas, desde minha infância, sempre girado em torno de Deus. Em nossa família, Deus era evidente. Meus pais iam diariamente à celebração eucarística. Já desde garotos, éramos coroinhas entusiasmados. Estava sempre claro que Deus existe. Posteriormente, esta certeza sempre foi questionada. Precisei esclarecer para mim mesmo se creio em Deus ou em uma projeção. Apesar de tudo, com minhas dúvidas, eu girava em torno de Deus.

Constatei a diferença quando um jovem me contou que ele havia se voltado para Deus depois de uma profunda experiência espiritual. Seu pai, porém, não queria saber de Deus e ridicularizava Deus. Este jovem fora tocado por Deus. No entanto, a influência negativa de seu pai abalava sempre de novo seu relacionamento com Deus. Ele experimentava sua relação com Deus como frágil. No meu caso, desde o começo era um fundamento sólido. Quando, posteriormente, isto se estremece um pouco, a casa da fé não desmoronou imediatamente. Ao contrário, é um desafio esclarecer novamente quem é esse Deus para mim.

WUNIBALD MÜLLER: Eu já estava relativamente velho quando, pela primeira vez, tive sérias dúvidas sobre a existência de Deus. Ainda hoje vejo como essas dúvidas – na ocasião, eu estudava em Kerkeley, na Califórnia – me abalaram completamente. Perguntava-me: Que tal se, até agora, eu apenas tiver enganado a mim mesmo? E se Deus não existir realmente? Estas e outras perguntas semelhantes me atormentavam, levavam-me à beira do desespero.

Mais tarde, quando me deparei com Thomas Merton, em seus livros, fascinava-me a maneira pela qual ele, em determinadas situações, sempre uma e outra vez alertava que Deus está presente agora neste espaço, e que isto seria o decisivo. O que sempre me toca é a naturalidade com que ele se move e a força de convencimento que dele mesmo sai quando diz isso. De certa forma, acontece-me o mesmo hoje, sempre que também conheço fases nas quais experimento Deus como ausente, o que, naturalmente, porém, mais uma vez, é outra coisa. De fato, também aí estou convicto de que Ele está presente.

ANSELM GRÜN: Para mim, é igualmente evidente que a presença sanativa e amorosa de Deus sempre me envolve em toda parte – em todo espaço, no diálogo com os colaboradores, nas palestras, na condução do carro. Contudo, preciso sempre voltar a lembrar-me de que Deus é a verdadeira realidade. No dia a dia, a presença de Deus muitas vezes escapa ao olhar. Então ajo como se Deus não existisse. Por conseguinte, para mim, são importantes rituais que me lembram de que Deus é a genuína realidade.

Quando criança, observava como meu pai, sempre que passava diante de uma igreja, tirava o chapéu. Para ele, isto era um rito que lhe recordava que Deus é a autêntica realidade de sua vida. Isso muito me impressionou. Eu sabia da fé profunda de meu pai. Aos 24 anos – sem dinheiro e sem emprego – ele simplesmente mudou-se para a Baviera católica porque queria viver em uma comunidade de fé e não queria trabalhar nos dias santos católicos.

WUNIBALD MÜLLER: Para mim, os rituais também são importantes para me evocar a presença de Deus em meu dia a dia. De manhã, muitas vezes é um salmo que eu rezo; ao meio-dia, participo da oração do meio-dia dos monges na igreja do convento, e à noite, antes de ir dormir, demoro-me brevemente diante do ícone que fica dependurado no cantinho da oração de meu gabinete de trabalho. E às sextas-feiras à tarde, quando os sinos tocam em memória da morte de Jesus, detenho-me por algum tempo.

Para mim, nos últimos anos, já não se encontrava em primeiro plano a pergunta sobre se Deus está presente ou se isso ou aquilo tem a ver com ele. Meu questionamento passou a ser uma certeza de que Deus aí está, mesmo quando sempre me parece estar distante. No entanto, continuo, obviamente, a ocupar-me com Deus. Ele, cuja presença sinto em meu íntimo. Deus, a quem na oração, em muitos encontros privados e profissionais, consigo experimentar. Deus, a quem descubro na Igreja a que pertenço, mas também em outras comunidades de fé. Aquele a quem descubro sobretudo onde Ele não é compreensível, disponível e "factível". Lá onde Ele permanece mistério, ao mesmo tempo, porém, também vive e atua em nosso meio de maneira insuspeitada e misteriosa.

ANSELM GRÜN: Antigamente, com freqüência liguei Deus a imagens concretas: o Pai sábio, o Deus maternal, o Deus que me estimula a superar minhas falhas. Essas imagens de Deus ainda agora surgem com naturalidade. Elas são legítimas. No entanto, a palavra com que Karl Rahner descreve sobretudo Deus torna-se cada vez mais importante para mim: como mistério. Deus é o mistério que me envolve, o mistério que habita em mim. Porque Deus, o mistério, habita em mim, posso também me sentir em casa comigo mesmo.

Quando falo com pessoas sobre a fé em Deus, então sempre pergunto se elas têm sensibilidade para com o mistério ou se elas podem explicar tudo. Quem está aberto ao mistério, no final das contas está também aberto para Deus, posto que não tenha qualquer imagem concreta de Deus. O mistério de Deus é incompreensível, não raras vezes oculto. No entanto, às vezes emerge-me desse mistério a imagem de um rosto brilhante, um amoroso Tu que me interpela pessoalmente.

WUNIBALD MÜLLER: Oh, sim, eu conheço isso, e quando não o experimento durante um lapso de tempo mais longo, sinto saudades, e fico feliz quando me volta a acontecer. Pois à medida que, para mim, no fim das contas, importa, de acordo com minha convicção, e que também afinal diz respeito ao relacionamento com Deus, é a *experiência*. Trata-se de experimentar Deus, de encontrá-lo na profundidade de minha alma e na realidade de meu cotidiano.

Hermann Hesse (2003: 263ss.) escreve em uma história de Natal: "[...] ao longo de todas as transformações, crises, convulsões e retomadas de consciência de nossa vida privada, bem como de nossa época, conservou-se em nós um cerne, um sentido, uma boa vontade, não em relação a algum dogma das igrejas ou da ciência, mas quanto à existência de um meio [...], uma fé na acessibilidade de Deus justamente a partir deste mais íntimo núcleo de nosso ser, na coincidência deste centro com a presença de Deus".

A ideia é esta: experimentar Deus como fundamento de minha vida. De fato, a doutrina de uma igreja a respeito de Deus se tornaria vazia caso a dimensão da experiência desaparecesse. Para o teólogo evangélico Paul Tillich só tem sentido falar sobre Deus quando tal discurso permanece ligado a experiências humanas, mediante o que, para ele, é importante libertar tal experiência para sua dimensão profunda. Ou seja: a religião não é nem um sistema de doutrinas sobre Deus e sobre o mundo, nem tampouco um labirinto de regras e ritos penetrado apenas por iniciados.

ANSELM GRÜN: No encontro com pessoas que estão à procura, percebo cada vez mais que elas não se satisfazem com o Deus sobre o qual dizemos palavras sutis. Elas gostariam de experimentar Deus. Nos meus cursos para a juventude sempre senti esse profundo anseio dos jovens de querer experimentar Deus. Com os participantes de meus cursos, sempre faço também exercícios que ajudam a experimentar Deus. Ao mesmo tempo, porém, tento transmitir às pessoas que não devemos nos colocar sob a pressão da experiência.

Não podemos forçar a experiência de Deus. Às vezes Deus se retrai. Há tempos de experiência e há tempos de não experiência. Ambos pertencem à fé. Eventualmente, devemos nos contentar com a saudade de Deus que experimentamos no coração. A nostalgia é a pegada que Deus deixou em nosso coração. Podemos sempre senti-la. No anseio por Deus, Ele já está. Assim, podemos pelo menos experimentar o vestígio de Deus em nosso coração.

WUNIBALD MÜLLER: Creio que quando Deus é experimentado como uma força que age concreta e diretamente em nossa vida, as pessoas se tornam abertas para Deus. Percebo, em muitas pessoas, uma grande ânsia por algo que realmente as move e sustenta. Isto vale acima de tudo também – mas não exclusivamente – para os períodos da vida nos quais aquilo que até então as moveu se despedaça, quando já não conseguem prosseguir com a própria sabedoria.

Não é singular e fascinante que, em meio a nossas preocupações e medos, diante de um mundo que ameaça desmoronar, exista a oferta de algo indestrutível, que nos confere estabilidade e nos transmite sentido, algo em que podemos nos ancorar? Para mim, isso é Deus, o indescritivelmente grande mistério. Depende de nós aceitar tal oferta, reservar tempo para mergulharmos em nossa profundidade, a fim de entrarmos em contado com Deus e com o divino em nós e ao nosso redor.

ANSELM GRÜN: Muitos se queixam de que não conseguem experimentar Deus. Contudo, experimentam a própria fragilidade como algo doloroso. Quando, pois, assumo minha fragilidade, então sinto em mim, ao mesmo tempo, um profundo anseio por algo que me dê estabilidade, por algo consistente. Pierre Teilhard de Chardin buscava as coisas consistentes já desde criança. Entusiasmado, juntava pedras inquebráveis. Quando, porém, começavam a oxidar-se, ele colecionava cristais. Ele queria algo que lhe desse um fundamento sólido.

Deus é esta base firme que me sustenta em minha fraqueza. Posso voltar meu olhar para Deus. Da mesma maneira, porém, posso também olhar mais para mim e para minha inconsistência. A seguir, reconheço em mim e em minha condição quebradiça o vestígio de algo que é, em si, firme e consistente, que me empresta apoio e segurança. Naturalmente, posso dizer que iria apenas me convencer disso, a fim de suportar minha fragilidade. Se, porém, reconheço em mim tal possibilidade, então minha convicção interior é mais forte: confio no Deus que dá coerência ao que é frágil em minha vida, que me dá sustento em minha precariedade. Confio em Deus como a rocha sobre a qual posso construir a casa da minha vida.

WUNIBALD MÜLLER: Vem-me à mente a comparação com a camada de ozônio que nos envolve e que nos protege contra raios solares nocivos. À diferença da verdadeira camada de ozônio, esta camada que nos envolve quando estamos entretecidos em Deus e nos sentimos como parte de algo maior é indestrutível. Não importa o que aconteça em nós ou ao nosso redor, não importa o que desmorone em nós e ao nosso redor: Deus permanece firme. Ele permanece ao nosso redor, junto de nós e em nós, para todo o sempre.

Como um pedaço de eternidade em meio a todo o bulício, apresenta-se a Catedral de Santo Estêvão, em Viena, com sua torre imponente que se eleva aos céus, rodeada pela atividade febril, típica do centro de uma metrópole que atrai gente de todas as partes. Contudo, os andaimes que impedem uma visão livre da torre lembram que até mesmo este pedaço de eternidade sofre o efeito da efemeridade.

Somente Deus é imperecível; somente Ele é durável. Ninguém mais. Por mais importante e sagrado que isso nos possa ser, apenas quando o tivermos reconhecido na profundidade de nosso coração começaremos a intuir o que significa fundamentalmente ser, essencialmente viver. As pequenas e grandes celebridades, que fazem sua entrada no circo midiático sob a roupagem de artistas, políticos e gurus, encolhem à sua verdadeira importância. Todas as nossas próprias pequenas e grandes vaidades perdem-se no nada. Aí, então, o decisivo é: Qual é nosso fundamento? São as vaidades temporárias ou Deus?

Depende de nós a escolha do caminho. Podemos percorrer o caminho do inchaço, a via do ar quente, que certamente nos eleva por um instante, mas que volta a consumir-se rapidamente. Ou podemos palmilhar o caminho que leva àquela experiência de estarmos, já agora, ligados ao Infinito, a Deus, que é imperecível e eterno.

ANSELM GRÜN: Fascina-me a imagem que Jesus usa para o homem inteligente e que vive a partir da fé: ele construiu sua casa sobre a rocha e não nas areias das ilusões. Quando edifico minha morada nas areias das ilusões, a fim de ser estimado por todos e sempre bem-sucedido, então ela imediatamente se desmorona, tão logo recebo críticas ou me abala um insucesso. Somente quando construo minha casa sobre Deus é que ela está erguida sobre rocha firme. Não virá abaixo, ainda que a sacudam tempestades e inundações a atinjam. Eu sempre manifesto que Deus habita no fundo de minha alma. Ele é o fundamento de minha vida. Quando me situo sobre esta base, então não tropeço facilmente. Dessa forma, sofrimento ou infortúnio não conseguem descentrar-me facilmente.

WUNIBALD MÜLLER: Quando consigo me ancorar em Deus, posso fazer a experiência de, em meio às minhas inquietações e preocupações, estar ligado a Deus, fazendo parte de algo maior. A partir dessa experiência, crescem em mim a sensibilidade, a quietude e uma intuição para o essencial. Reflito sobre o centro de minha existência, que é mais do que minha carreira, minha saúde, uma gorda conta bancária, relacionamentos gratificantes ou respeito social. Tudo isso pode desaparecer; eu, no entanto, continuo a existir. Por conseguinte, não desespero, não perco a esperança de que as coisas continuem para mim, de que posso voltar a viver tempos melhores. Fundeado em Deus, sinto que em tudo o que posso produzir e devo fazer uma força misteriosa atua de maneira salutar em minha vida e em meu cotidiano.

A experiência do sagrado

ANSELM GRÜN: O que você designou com o estar ligado ao Infinito, a Deus, fez-me lembrar o que descreveu Peter Schellenbaum em seu livro *Im Einverständnis mit dem Wunderbaren* [Em harmonia com o maravilhoso]. O maravilhoso é, para Peter Schellenbaum, um código para o mistério do ser, no final das contas, para o divino. "Tudo o que é novo começa com a maravilha de uma revelação; uma revelação, porém, que não exige qualquer ato de fé, mas a simples atenção" (SCHELLENBAUM, 2000: 21). O maravilhoso nos agarra e derrama o brilho de uma verdade *incontinenti* experimentada".

O maravilhoso nos agarra. Nós o experimentamos imediatamente, em natural imediatidade. Ele irrompe em nossa vida de maneira surpreendente e inesperada. Nós mesmos não podemos influenciá-lo. Simplesmente nos acontece. "O maravilhoso rompe barreiras do que foi até agora vivido, pensado, sentido e realizado", continua a dizer Schellenbaum. É uma experiência mística, que não podemos reduzir a um discurso lógico. Só pode continuar a ser narrada em histórias maravilhosas. O maravilhoso nos aparece como um milagre.

WUNIBALD MÜLLER: O maravilhoso que nos prende é, para mim, a experiência do sagrado, o que, conforme o teólogo evangélico Rudolf Otto, como *mysterium tremendum et fascinosum*, pode implicar um grande pavor e uma grande fascinação. É a conjunção entre ser sacudido e ser agarrado que leva a que nós, no encontro com o sagrado, com o misterioso, sejamos acometidos de temor e tremor. O encontro com o totalmente outro, com um poder mais elevado nos faz tremer. Tal como estremecemos diante das catástrofes da natureza ou de uma saraivada de bombas que ameaçam a vida de milhares de pessoas e provoca uma conflagração à qual elas estão impotentemente expostas. No entanto, é também o sentir-nos interiormente tomados, quando sentimos ou intuímos a proximidade do mistério. Tem religião aquele que percebe o sagrado, diz o filósofo da religião Walter Schubart.

ANSELM GRÜN: Para mim, o sagrado é um conceito importante que transmite às pessoas de hoje uma noção de Deus. Cada ser humano, mesmo que não esteja ligado eclesialmente, tem um atino para o que lhe é sacro. Para uns, as férias são sagradas; para outros, o cafezinho matutino. Para os gregos, o sagrado é o que se retraiu do mundo. Em meio ao nosso mundo secularizado, ansiamos por lugares do sagrado, por recantos nos quais sejamos subtraídos ao terror do mundo. Para os gregos, somente o sagrado pode curar. Lá onde existe um espaço sagrado, um tempo sagrado, podemos respirar, tornamo-nos livres. Ali, nenhum ser humano tem poder sobre nós. Isto é salutar para nós.

2
O caminho místico
União com Deus

Deus é pessoal e transpessoal

WUNIBALD MÜLLER: Em seus diários, Thomas Merton se confronta com o zen-budismo, que ele muito prezava. No caso, porém, para ele, Deus continua sendo o amor e Deus o ama de maneira completamente pessoal. Com minha convicção e com minhas experiências, reencontro-me em sua afirmação: para mim, a relação pessoal com Deus é cerne, fundamento de meu contato com Ele. Posso mergulhar na profundidade de meu ser: pelo menos eu tento uma e outra vez, na meditação, tanto quanto possível, esvaziar-me a fim de criar espaço para Deus que, como mistério profundo, vive em mim, e com o qual entro em contato como meu grande Tu.

Em suas anotações em diários, Thomas Merton alude também a um jovem que descarta a meditação como postura narcisista. Isto é, obviamente, absurdo. Só o seria caso se permanecesse no mergulho em si, se o automergulhar nos tornasse menos capazes de amar, menos sensíveis e receptivos para com nossos semelhantes. Por conseguinte, o decisivo não é se meditamos ou não. O importante é se, por meio da meditação, nos tornamos mais capazes de amar.

ANSELM GRÜN: Hoje, muitas pessoas dizem que Deus seria impessoal. Precisamente pessoas que se encontram em sua busca espiritual, simpatizantes do budismo, falam com entusiasmo sobre o fato de terem deixado para trás o Deus pessoal e se empenharem tão somente pelo Deus impessoal, que eles reconhecem em tudo. Nessa afirmação existe, naturalmente, um cernezinho de verdade. Talvez tenhamos visto Deus pequeno demais e o tenhamos comprimido excessivamente na imagem de uma pessoa humana. Quando falamos de Deus como pessoa, isso supera nosso conceito de pessoa. A discussão teológica em torno do mistério do Deus uno em três pessoas não fala de pessoas, no grego, mas de *hypóstasis*, portanto, de três "maneiras de ser".

Para mim, Deus é sempre ambas as coisas: pessoal e transpessoal. Há fases em que experimento Deus mais como o amor, a energia, a beleza, a força, a amplidão e a liberdade – tudo isto são noções impessoais. Contudo, não devo jamais fixar Deus nelas. Deus vem ao meu encontro a partir da incompreensibilidade de seu ser sempre como o Tu que me confronta.

Ligação profunda e diálogo com Deus

WUNIBALD MÜLLER: No entanto, aí também reside uma riqueza. Quem se envolve com o zen-budismo experimenta um sopro de eternidade, o totalmente Outro, o Numinoso, aquilo que ultrapassa nossa compreensão. No entanto, aquilo que experimento é, ao mesmo tempo, verdadeiro. Assim o formula o jesuíta Niklaus Brantschen (2003: 44s.). Aquilo que ele diz me interpela. Há experiências que reiteradamente faço e que me são experiências espirituais importantes, sem que eu tenha me dedicado ao caminho do zen-budismo. São experiências que faço na meditação, diante de um céu sublimemente estrelado, no mergulho no mundo e na atmosfera de meus sonhos.

Em seu livro místico *Geborgen und frei – Mystik als Lebensstil* [Seguro e livre – Mística como estilo de vida] (2009: 75s.), no que tange ao relacionamento com Deus, Pierre Stutz escreve: "Para mim, ambos são importantes: a profunda afinidade e o aspecto dialógico. De fato, considero que um acontecimento vital vive da interação entre proximidade e distância ou, como o diz oportunamente Pierre Teilhard de Chardin: 'O amor faz a diferença'. É por isso que não me entusiasmo muito quando Padre Willigis Jäger – de quem muito aprendi mediante seus livros – condensa um caminho místico nas palavras 'as ondas são o mar'. Não posso absolutamente estabelecer esse resultar em um, pois não corresponde à minha experiência de vida e ao meu anseio".

Continua Pierre Stutz: existe uma "mística da eternidade" e uma "mística da personalidade". "Na primeira, a divindade é a única realidade, o mar infinito no qual o si-mesmo individual desaparece como uma gota. Na mística da personalidade, acentua-se a relação entre o ser humano e Deus, entre criatura e criador. Ambos os tipos se completam". Este é um princípio de que gosto. Talvez resida aí também um estímulo para evitar ou superar a unilateralidade, até que a preferência por um ou outro caminho também permita conclusões sobre nossa autoimagem e retificações possivelmente necessárias ou recomendáveis.

O eu realiza-se no tu

ANSELM GRÜN: No acompanhamento espiritual tornou-se claro para mim que a imagem de Deus e a autoimagem sempre se correspondem reciprocamente. Pergunto-me se as pessoas que veem a Deus somente de maneira impessoal não têm problemas com seu próprio ser pessoa e com sua incapacidade de relacionamento com outras pessoas.

O diálogo com um psicólogo fez-me visualizar isso de maneira nova. Durante muito tempo ele buscara também no âmbito budista. Agora ele se volta novamente para suas raízes cristãs. Ele me contou sobre clientes que se empolgavam com a ideia de fundir-se à divindade – não com Deus como um interlocutor. Ele dizia que, frequentemente, com isso eles apenas elevavam sua incapacidade de relacionamento sob o aspecto religioso. Em vez de lamentarem sua incapacidade de relacionamento, omitiam-na. Compensavam seus problemas de relacionamento à medida que fugiam para uma espiritualidade impessoal.

Contudo, esta forma de espiritualidade não curava suas feridas. Ao contrário, era uma compensação. Eles se recusavam a confrontar-se com sua ânsia por relacionamento. Em vez disso, colocavam-se acima das pessoas: as pessoas pelas quais eles ansiavam não teriam noção alguma de espiritualidade. Encontrar-se-iam em um nível espiritual inferior. À medida que eles se sentem algo especial, não precisam defrontar-se com a dor de sua incapacidade de relacionamento. Percebo como fico irritado quando, então, tais pessoas espirituais nos olham sobranceiramente, nós que ainda não chegamos tão longe e, consequentemente, ainda precisamos de um Deus pessoal.

WUNIBALD MÜLLER: Aqui estou de acordo com Martin Buber. No livro *Ich und Du* [Eu e Tu] (1974: 95), ele escreve: "Ninguém encontra Deus quando permanece no mundo, ninguém encontra Deus quando sai do mundo. Quem, com todo o ser, abre-se ao seu Tu e toda natureza o interpela, encontra aquele que ninguém pode buscar".

ANSELM GRÜN: A constatação de Martin Buber de que o Eu se realiza no Tu é decisiva, para mim, também em meu relacionamento com Deus. As espiritualidades judaica, islâmica e cristã, que sempre viram Deus como pessoa, como Tu, como interlocutor, criaram uma elevada forma de interpessoalidade. E gostaria de ater-me a essa cultura do encontro. Quando as pessoas apenas falam da fusão com o divino, elas omitem essa cultura. Então, elas existem apenas paralelamente umas às outras. Quiçá, às vezes, elas tenham a impressão de que se sentiriam unas com todas as pessoas. No entanto, essa imersão no humano é apenas uma evitação do encontro pessoal. Não leva a pessoa humana adiante. C.G. Jung advertiu para a dissolução do si-mesmo.

WUNIBALD MÜLLER: Nisso me sinto novamente bem. O que também para mim é decisivo: entro em contato com o grande mistério-Deus, o mistério permanece e deve permanecer, ao mesmo tempo; porém, não está diante de mim de forma geral como o sagrado, o incompreensível, simplesmente, mas me encontra pessoalmente. Encontro! O encontro, no entanto, pressupõe um Tu. Isso tanto mais vale quanto se trata de um encontro para o qual o amor é a característica decisiva.

ANSELM GRÜN: No final dos anos de 1960 comecei a praticar o zen. Na ocasião – em meio aos estudos –, para mim e para os confrades que também se exercitavam, foi uma revelação. Fazia bem, em meio a tanto estudo e tanta ocupação intelectual, poder simplesmente silenciar com Deus e a Deus entregar-se em silêncio. A ocupação com o caminho-zen e o encontro com Graf Dürckheim nos ajudaram, em seguida, a buscar caminhos semelhantes na própria tradição cristã.

E descobrimos que os monges, já no século III, haviam meditado de forma semelhante. Eles não inventaram a meditação naquele tempo, mas a haviam presumivelmente assumido de círculos sacerdotais egípcios ou de seguidores de Pitágoras. Contudo, eles cristianizaram o que eles haviam encontrado ali. Ligaram a respiração a uma palavra da Escritura, a fim de que a Palavra, mediante a respiração, pudesse penetrar profundamente na alma humana.

A face de Deus que se reflete a mim na face de Jesus

WUNIBALD MÜLLER: Para mim, tudo isso são experiências e práticas que não entram em concorrência com minha fé em um Deus pessoal ou com um íntimo relacionamento com Jesus. Tais experiências aprofundam meu relacionamento com Deus. Entre outras coisas, elas contribuem para experimentar Deus em minha profundidade, em meu fundamento sagrado. Elas dilatam minha relação com Deus. Possibilitam-me – pelo menos de vez em quando –, em minhas representações e em meu relacionamento com Deus, não ficar dependente do figurativo, do visível, do superficial, à medida que me conduzem à profundidade de minha alma, ligando-me ao mundo do eterno. Quando estamos em contato com o mais íntimo de nós mesmos, podemos experimentar Deus em nossa profundidade.

Para aquele que está em busca ou para aquele que é um buscador absoluto de Deus isto é uma revelação, uma felicidade, demonstra-se para ele, porém, um caminho que o conduz mais perto de Deus: o caminho para a profundidade, para o próprio centro – rumo à fonte da vida que brota na profundidade de nossa alma. Portanto, acho fascinante que, como você disse, os primeiros monges já terem conseguido estabelecer uma conexão entre experiências que conhecemos, a partir do zen ou da meditação, e uma relação pessoal com Deus, vale dizer, com Jesus.

ANSELM GRÜN: Já no século IV a preferida era a assim chamada oração de Jesus. Ao inspirar, diz-se calmamente: "Senhor Jesus Cristo"; ao expirar: "Filho de Deus, tem piedade de mim!" A palavra – assim dizem os monges – abre a porta para o silente mistério de Deus, ao mundo da quietude que não é, porém, vazio, mas cheio do Espírito de Jesus, de sua misericórdia e de seu amor. Para mim, a oração de Jesus, desde os começos dos anos de 1970, tornou-se companheira diária e lugar no qual sempre espero que o amor de Cristo penetre meu corpo e minha alma, e me modele.

Para mim, o caminho da oração de Jesus liga ambas as coisas: a experiência de Jesus Cristo como interlocutor, no qual não somente a pessoa de Jesus, mas, no final das contas, o próprio Deus me considera amorosamente e, ao mesmo tempo, a experiência de Jesus como companheiro no caminho do espaço interior de quietude. Ali já não percebo algo específico de Deus, mas renuncio a todas as imagens de Deus e abro-me, no silêncio, ao inefável e incompreensível. No entanto, Deus não é um vazio. Ele é apenas vazio em contraposição a tudo o mais que preencha meu espírito. No fundo do vazio diviso, pois, a face de Deus, que se reflete a mim na face de Cristo.

WUNIBALD MÜLLER: Em uma carta a sua amiga Lucile Swan, escreve Pierre Teilhard de Chardin (apud SCHIWY, 2005: 163s.): "O maior esforço e a maior dificuldade *não* consistem em fantasiar-se um rosto atrativo de Deus, mas em assumi-lo como real e vivo e presente no mais profundo de nós mesmos e de cada coisa. E, finalmente, somente Ele pode tornar-se presente a nós: não podemos pegar a luz, ela é que vem até nós. No mínimo, esta é uma das maiores diferenças entre a mística cristã e a indiana, ou seja, não podemos *coagir* Deus. Contudo, podemos pedir-lhe, rezar-lhe; e quanto mais experiente (ou, pelo menos, mais velho) sou, tanto mais fico convencido de que a oração mais simples e mais elevada consiste em entregar-se ativamente aos inúmeros acontecimentos (pequenos e grandes) da vida – sua própria vida –, com a confiança de que precisamente tais eventos, quando assumidos e usados com 'fé e amor', constituem-se no caminho mais curto e próximo para tornar-se uno com o centro de tudo".

Abandonar-se até a prontidão para já não mais querer ser, a fim de tornar-se completamente amor é, para Johannes Kopp, sacerdote da Sociedade de Vida Apostólica, perito em zen, uma forma de experiência de Deus. Entregar-se completamente a fim de transformar-se totalmente em amor – para isso não é preciso nenhuma dogmática, para isso não se necessita de qualquer sistema doutrinal sobre Deus, para isso também não há mister de igreja alguma. Todos eles, em todo caso, podem estar a serviço dessa experiência, podem apresentá-la, podem lhes ser úteis – e por nada nesse mundo obstrutivos. Somente quando alguém se ajustou a essa realidade, e aquilo de que realmente se trata assumiu o primeiro plano, somente então a importância da Igreja e a importância da doutrina e da teologia podem também ser vistas e apreciadas. Somente quando a teologia e as igrejas se conscientizarem ainda mais disso e o valorizarem coerentemente encontrarão tolerância por parte daqueles que descobriram para si o caminho místico e o seguiram consequentemente.

Quem percorre o caminho místico em algum momento constatará que penetra em regiões de si mesmo, faz em si profundas experiências que uma palavra expressa ou pensada sobre Deus deixa transparecer apenas palidamente. Discussões teológicas, por vezes também querelas, pensamento e comportamento eclesiais mesquinhos – tudo isso toca apenas a superfície. Provêm de um mundo que ainda não foi impregnado, que ainda não foi compreendido e tocado por aquele mundo, aquele âmbito em nós – o mais profundo do ser – no qual devo penetrar, o qual talvez alcance, se estiver disposto a entregar-me. Inclui renunciar a tudo por que, doutra feita, tenha me orientado, ou a que tenha me agarrado, inclusive teologias e igrejas, a fim de tornar-me completamente amor.

Tornar-se um com o Deus incompreensível

ANSELM GRÜN: União com Deus, tornar-se um com o Deus incompreensível, este é o escopo de toda mística. Esta é também a meta pela qual eu, como monge, esforço-me. Contudo, a partir do estudo dos Padres do Deserto e mediante experiência própria, sei que apenas de quando em vez se dá tal experiência de unidade. Em uma meditação ou em um silencioso passeio pela natureza, de repente me sinto completamente unido – uno comigo mesmo, uno com tudo o que existe, uno com todas as pessoas e uno com Deus, o fundamento de todo ser. No entanto, no instante seguinte sinto novamente o dilaceramento e a inquietude interiores. Não posso conservar a experiência do ser-uno.

WUNIBALD MÜLLER: Todas as sinfonias nesta vida permanecem inacabadas, diz Karl Rahner. Nosso último anseio de unidade não realizado permanece inacabado até o fim. O anseio é sagrado, dizem D.H. Lawrence e os românticos. No anseio, degustamos o sagrado. Na nostalgia, experimentamos nossa exigência de unidade com

Deus. Ela é a razão para a inquietude de nosso coração, que não descansa até que – no fim – tenha encontrado descanso: em Deus.

Quanto mais admitirmos Deus em nós, mais Ele faz sua morada em nós, podemos fazer a experiência, pelo menos sempre passageira, de sermos uno com nós mesmos, tanto mais se acalma nossa ânsia pelo "Mais", e isso de maneira apropriada. Nisso Deus não é substituto algum. Ele é exatamente aquilo por que ansiamos. Muitas vezes procuramos acalmar essa ânsia de outras maneiras: mediante maior reconhecimento, mais alternância, mais sexo, mais... Contudo, por mais importantes que tais coisas sejam ou possam ser – a saudade mais profunda e derradeira elas não conseguem acalmar.

ANSELM GRÜN: A tradição espiritual me mostra caminhos que me preparam e me abrem para o tornar-me um. O primeiro caminho consiste em unificar-me comigo mesmo. Isto não é tão simples. Grande parte da ascese, tal como Evágrio Pôntico representativamente descreve para o monacato, visa considerar a própria realidade: as paixões, os perigos, as emoções, os pensamentos e os modelos de vida interior. Somente quando considero cruamente minha própria verdade e apresento-a a Deus é que posso – a partir de minhas paixões e emoções – alcançar o fundamento de minha alma. Lá Deus já habita em mim. Então posso – se tiver a coragem de atravessar o caos de minhas próprias paixões –, no fundo de minha alma, fazer a experiência de ser uno comigo mesmo.

E nesse ser-um comigo mesmo – livre de toda autocondenação e autoavaliação – intuo o que significa ser um com Deus, com o fundamento de todo ser, com a fonte do amor, com o ser, simplesmente. Às vezes experimento esse ser-um como ser-um sem interlocutor. Deus não é, pois, o Deus pessoal, mas o abismo no qual mergulho quando ouso percorrer minha própria tenebrosidade. Todavia, também nessa experiência pressinto que esse abismo de Deus é amor, e como amor, não é apenas uma energia, mas contém traços pessoais. Com efeito, mesmo que, no fundo de minha alma, depare-me com a fonte do amor, que é mais do que sentimento, mas antes uma qualidade do ser, não posso imaginar esse amor de outra forma senão provindo de um Tu, de um ser pessoal, que é amor.

Por vezes experimento o ser-um muito mais com um tornar-se-um com aquele que olha para mim e para quem eu olho. É, pois, antecipadamente, um ser-um pessoal. Esta experiência do ser-um é comparável ao tornar-se-um com um amigo ou com uma amiga. No diálogo, tocamo-nos profundamente. Aproximamo-nos. Agora, silenciamos mutuamente e experimentamos, no silêncio, uma profunda unidade. Entramos em contato com o fundamento de nosso coração. Não nos fundimos reciprocamente. No entanto, há momentos em que me sinto completamente um com meu interlocutor ou interlocutora.

WUNIBALD MÜLLER: Estas são experiências que posso fazer em minha parceria, em minhas amizades e uma e outra vez nos encontros terapêuticos. Ali só existimos, pois, eu e tu. "Abro olho ou ouvido, ou estendo minha mão e sinto, no mesmo instante inseparáveis: Tu e eu; eu e Tu", cita Martin Buber (1985: 301) o filósofo Jacobi. Isto não é um, mas também não são dois.

ANSELM GRÜN: Semelhantemente assim, por vezes experimento também o ser-um com Deus. Deixo-me olhar por Ele e olho para Ele – sem ver um rosto concreto. Contemplo o abismo do amor e me sinto um com Deus. Contudo, para essa experiência do ser-um, para mim vale sempre ainda a confissão dos padres conciliares de Calcedônia, que usaram a fórmula "inconfundível e inseparável" para a unidade das naturezas divina e humana em Jesus Cristo.

Sinto-me completa e absolutamente um com Deus. Entretanto, não me misturo com Deus. Permaneço ser humano. Deus atravessa-me, seu amor me invade, sua natureza divina me transforma. Contudo, apesar disso, continuo esta pessoa humana. Somente assim me subtraio ao perigo da presunção, do qual C.G. Jung sempre adverte: o perigo de inflar-me de Deus, de usar Deus para meu próprio ego, em vez de dedicar-me a Ele e nele experimentar-me de maneira nova.

Unidade que produz amor

WUNIBALD MÜLLER: No que diz respeito à nossa relação com Deus, o Papa Bento XVI expressa isso de maneira graciosa em sua encíclica *Deus caritas est*, quando escreve: "Sim, existe unificação do ser humano com Deus – o sonho primordial do ser humano. Tal união, porém, não é fusão, desaparecimento no oceano anônimo do divino, mas uma unidade que cria amor, na qual ambos – Deus e o ser humano – permanecem eles próprios e, no entanto, tornam-se uma coisa só".

Uma unidade, criada pelo amor é, para mim, o critério decisivo. Conheço pessoas que da oração e da meditação haurem forças e motivação para seu compromisso com as outras pessoas e que, nisso, tornam-se a personificação do amor de Deus. Nelas e em seu empenho experimento-lhes o coração. Elas permanecem sobre o chão da realidade, ainda conseguem apreciar um pedaço de carne e um bom vinho. Ao contrário daqueles que meditam horas a fio, seguindo um programa, mas que, aparentemente, perderam a relação com a realidade, o contato direto com seus semelhantes e com Deus. Estes tais difundem uma atmosfera estéril.

ANSELM GRÜN: Quem se dissolve a si mesmo na fusão com a divindade coloca-se, no final das contas, acima daquilo que, doutra feita, constitui o ser gente: o encontro com uma pessoa que me abre os olhos para outra visão da realidade, a experiência de comunidade, que se dá na refeição e no diálogo, e o usufruto dos dons que Deus nos concede na criação.

Por conseguinte, para mim, a humildade é a postura mais importante no relacionamento com Deus. A humildade é, pois, de um lado, a coragem de descer a fundo na própria humanidade; de outro, é a capacidade de firmar os dois pés sobre o chão, de voltar-se para o cotidiano, para o terrestre. Alguns utilizam a espiritualidade para fugir à própria condição terrena. Com sua mensagem, Jesus queria nos trazer vida em plenitude. Alguns, no entanto, põem-se no caminho da espiritualidade a fim de evitar a vida porque é demasiado perigoso voltar-se para a vida com seus altos e baixos, com sua paixão e sua nostalgia.

WUNIBALD MÜLLER: Thomas Merton (2000) escreve: "A cada dia percebo um pouco mais que minha vida velha se fragmenta e, finalmente, com o tempo, despedaçar-se-á. Então [...]? 'União com Deus!' No final das contas, por mais misteriosa que seja essa união, talvez se devesse fazer tudo para tentá-la, desde que se tenha reconhecido que isso significa o cumprimento da própria autorrealização, de uma vez por todas. Estou preparado? Naturalmente, não. Contudo, o curso de minha vida toma esta direção".

Quando me pergunto: "Estou pronto?", devo admitir, seriamente, como Thomas Merton: "Naturalmente, não". Contudo, sei e sinto profundamente em mim que somente então, quando tiver chegado até esse ponto, encontrarei a paz pela qual tanto anseio. Sinto que estou "mais além" do que nos anos passados. Experimento em mim uma grande independência em relação a sucesso, reconhecimento, respeito. Sinto-me mais comigo mesmo, em conexão com minha profundidade. Todavia, reiteradamente faço a experiência de como é infinitamente rico meu mundo interior, quanto espaço, alegria, plenitude, êxtase ele me disponibiliza quando consigo nele mergulhar.

Seriam, pois, experiências que deixam entrever o que significa, ou como é unir-se a Deus? Não sei. Todavia, sinto que eu, a partir do momento em que estou em contato com minha profundidade, sou mais sensível e receptivo para Deus. Não sei se se pode dizer assim. O que quero dizer é: sinto como o encontro mais aqui e ali. Em todo caso, quero dizer que estou mais perto da experiência da qual falam as místicas e os místicos: *Deus interior intimo meo* – “Deus é-me mais íntimo do que o sou de mim mesmo”. Estou bem consciente de que ainda estou longe de realmente experimentar isso em mim.

As densas experiências interiores que consigo fazer quando mergulho em minha profundidade e consigo intuir a proximidade do que me é mais interiormente próximo do que o sou de mim mesmo são alimentadas por uma fonte que é inescrutável, eterna. Aqui, experimento a plenitude do meu ser. Aqui, finalmente chego aonde, de maneira errônea, pretendia chegar por meio do sucesso e da fama exteriores. Aqui encontro a paz pela qual tanto suspiro.

ANSELM GRÜN: Para mim, o caminho para o fundamento de minha alma é a via para o espaço interior da serenidade, do qual os místicos falam. Em cada um de nós existe tal espaço sagrado de puro silêncio, habitado unicamente por Deus e não por pessoas, tampouco por reflexões humanas, por preocupações e receios, por paixões e emoções. É um espaço de serenidade. Neste espaço interior intuo Deus, mesmo que nem sempre o experimente. Este Deus, porém, que habita em mim, é um Deus do qual não posso dispor. Ele escapa à minha presa, mesmo às presas de meus métodos espirituais.

Isto não obstante, este conhecimento acerca do espaço da serenidade é decisivo para mim, também para minha autoexperiência. Algumas pessoas têm medo de olhar para dentro de si mesmas. Elas acham que ali só se deparariam com o próprio caos ou com o mal. Por isso, atêm-se de preferência ao Deus a quem pedem que as preserve do mal. Isto é absolutamente legítimo. Contudo, para mim, o caminho para Deus sempre passa pela própria realidade. Quando eu me ausculto, deparo-me justamente não apenas com minha própria história de vida, com minhas mágoas, com meu modelo de vida, mas também com o fundamento daquilo a que Mestre Eckhart chama de intocado, puro e sereno, no qual nenhum pensamento ainda penetrou.

Para Eckhart, este é o âmbito mais sagrado e mais puro do ser humano. Ali, nesse espaço incólume de puro silêncio, Deus nasce em mim. E ali, onde Deus nasce em mim, atinjo a mim mesmo, ao meu autêntico ser, a imagem genuína, ilesa, imaculada e impoluta que Deus fez de mim para si mesmo. Assim, não posso absolutamente, no final das contas, prosseguir no caminho rumo a mim mesmo e à minha verdade sem que me depare com Deus, de quem provém meu verdadeiro ser, em cuja luz eu posso reconhecer o verdadeiro ser.

3
A experiência do perecer

Fazemos mesmo a experiência de sermos levados por Deus?

WUNIBALD MÜLLER: O que nos move, o que nos sustenta? Em que, em quem realmente confiamos? Mas isto está claro, alguém pode logo responder: "O que me move, o que me sustenta é Deus". Contudo, isto está realmente tão claro? Deus move-nos, sustenta-nos? Fazemos, de fato, também a experiência de sermos carregados e sustentados por Deus quando as coisas não se passam como havíamos esperado de Deus? Quando relacionamentos importantes malogram, sentimentos de absurdidade, depressão e medo tornam nossa vida insuportável? Fazemos realmente a experiência de sermos movidos e sustentados por Deus quando uma enfermidade incurável nos leva inapelavelmente ao encontro da morte? Sim, Deus nos move e nos sustenta em nossas horas de Getsêmani, quando estremecemos e trememos, quando, pois, somos confrontados com nossa finitude e impotência?

ANSELM GRÜN: Para mim, Deus é quem me move. No entanto, não posso simplesmente declamar: "Deus me move. Portanto, não tenho problemas. Posso suportar tudo". Não é tão simples assim. Experimento que Deus me conduz não quando tento convencer-me disso, mas à medida que ausculto a mim mesmo. Procuro ir ao fundo de meu medo, de minha depressão, de minha inquietação, de minha insatisfação. Então experimento que todos os meus sentimentos e minhas paixões, no final das contas, conduzem ao fundo de minha alma.

Ali, no fundo de minha tristeza, no fundo de minha angústia, no fundo de minha sexualidade, no fundo de meu medo, no fundo de minha sensibilidade, intuiciono Deus como aquele que me carrega com meus sentimentos. Ele não elimina meus problemas. Contudo, Ele é o fundamento que eu toco quando atravesso todos os meus sentimentos e emoções, todos os meus riscos e paixões. Ali, no fundo da alma, encontro o alicerce pétreo sobre o qual posso construir a casa de minha vida. É a base da qual Jesus fala quando conta a respeito do homem prudente que edificou sua morada sobre a rocha e não sobre a areia de suas ilusões, de suas emoções, de suas próprias representações de Deus.

WUNIBALD MÜLLER: Conheço situações em minha vida nas quais não tenho a sensação de ser carregado e sustentado por Deus. Recordo-me, então, de uma situação em minha vida na qual eu fiquei amargamente decepcionado com pessoas em quem eu quase incondicionalmente havia confiado. Sofri o comportamento deles em relação a mim como uma quebra total da confiança, com a consequência de que penetrei em um mundo no qual eu, como jamais antes em minha vida, experimentei medo e insegurança.

Eu estava tão abalado que, espiritualmente, fazia esforços extremos para lidar comigo mesmo. Desabei como uma árvore plantada em chão arenoso, cujas raízes não haviam penetrado suficientemente em terra boa. Eu não estava em condições de suportar tal tempestade em minha vida.

Eu fui "ao fundo do poço". Tudo o que até então me movera, o que me servia de chão sob os pés ruíra. Tive de me despedir de pessoas nas quais, até então, confiara irrestritamente. Tive de dizer adeus a uma fé que, perante a realidade de minha vida, já não podia manter-se. Precisei me desfazer da imagem ideal que eu tinha de mim mesmo, uma vez que tal imagem prestara pouca atenção aos meus aspectos obscuros; a possibilidade do insucesso não encontrava aí qualquer espaço. Tudo isso desmoronou, foi a pique. Precipitei-me no nada, em um abismo, em meu abismo. Foi uma experiência terrível, um período no qual um estado de ânimo depressivo se apoderou de mim, levando-me, às vezes, à beira do desespero. Só muito lentamente, com a ajuda de amigos e de companheiros é que me fui recuperando.

ANSELM GRÜN: A experiência de decepção pertence à nossa vida e ao nosso caminho com Deus. Percebo que, com frequência, ligamos nossas expectativas em relação a Deus com as expectativas em relação às pessoas. Esperamos que as pessoas nos suportem exatamente como Deus, que a confiança apoie, que a comunhão, que o trabalho comum nos sustentem. No entanto, uma e outra vez percebemos que tudo isso é frágil. Normalmente, de fato, ficamos decepcionados e, às vezes, amargurados por causa da instabilidade daquilo em que havia confiado.

Depois de algum tempo, porém, torna-se-me claro que ainda não cheguei ao fundo de minha alma, mas que tenho procurado Deus no âmbito emocional, na esfera em que me sinto bem. Tal campo me decepciona e me obriga a descer mais profundamente ao fundo de minha alma, a fim de, a partir de todos os sentimentos e concepções de uma vida plena, alcançar o fundo da alma que é, ao mesmo tempo, abismo de profundidade abissal que já não me era possível sondar.

A partir da noite escura da alma

WUNIBALD MÜLLER: Hoje, sei que tais experiências nas quais a gente tem de atravessar o inferno são necessárias para nossa vida. Sim que, às vezes, já não é sem tempo. Por quê? Sim, por quê? Muito simples: porque nos enganamos um pouco, porque estamos demasiado seguros de ser beijados por Deus, consideramo-nos, no final das contas, invulneráveis. Pensamos que tínhamos um bom relacionamento, uma relação resistente com Deus. Só que, no fundo, é superficial. O relacionamento com Ele não desce à profundidade e não provém da profundidade. Assim, é preciso que afunde aquilo que já não pode ser fundamento para nós. Precisamos naufragar. Aquilo que estabelecemos como nosso mundo, nossa relação com os outros e com Deus precisa perecer.

Desmorona-se, arruína-se o que até então nos moveu, o que nos conferiu sentido, o que nos satisfez. Experimentamos que o que até agora fora nosso fundamento já não é nosso alicerce. A fim de encontrar nova firmeza, para encontrar uma espiritualidade, isto é, um relacionamento com Deus que possa realmente nos carregar, precisamos buscar mais profundamente em nós um novo fundamento. Isto, porém, é mais fácil falar do que fazer. Exige que nos aventuremos na profundidade, sim, que nos deixemos cair nela, na confiança de alcançar um fundamento, nosso verdadeiro fundamento. É uma descida ou também uma queda em um profundo abismo, no qual somos expostos à experiência do "nada" e do "vazio".

ANSELM GRÜN: João da Cruz não fala do inferno, pelo qual devemos passar, mas da noite escura. Esta, porém, tem a mesma tarefa: libertar-nos de nossas projeções sobre Deus. É uma tentação constante satisfazer-se com o Deus que eu experimento, que sinto na meditação, por quem sei que sou acolhido e que me toca em diversas experiências, durante uma celebração litúrgica ou em um encontro com um amigo.

Não obstante, é muito necessário que as ilusões que reiteradamente se constroem em nós sejam quebradas por Deus, a fim de que nos tornemos abertos para o Deus incompreensível. Às vezes isto é penoso, pois já consideramos grande tarefa nos lembrar de Deus e firmar nossa vida em Deus no mundo secular e profano. Constatar, agora, que não fixamos nossa vida em Deus, mas em uma ilusão de Deus, isto dói.

No entanto, é preciso que isso aconteça a fim de que nós, a caminho, permaneçamos no inefável mistério de Deus e não estacionemos em nossas representações. Evágrio Pôntico, já no século IV, falava deste perigo. No caminho espiritual, ficamos entusiasmados com imagens que Deus produz em nossa alma e com os agradáveis sentimentos de segurança e liberdade que uma experiência de Deus traz consigo. Contudo, gostaríamos de nos deter nas imagens, nos sentimentos. Então, assim o diz Evágrio, pegamos a fumaça em vez do fogo. Deus, porém, é o fogo que incinera todas as nossas concepções no fogo do amor inapreensível.

WUNIBALD MÜLLER: Uma imagem maravilhosa. Uma comparação que descreve muito bem o que acontece quando – no mais verdadeiro sentido da palavra – arde tudo o que, talvez, foi importante para nós. Um grande amor. Uma amizade. Um projeto que me é caro. Uma fé que me parecia indestrutível. Sei o que significa "naufragar", pois fiz essa experiência.

A experiência do ir-ao-fundo-do-poço pode nos jogar por terra e nos abalar profundamente. Assim deve ser quando a gente tem medo de morrer. João da Cruz fala, conforme você já mencionou, da noite escura dos sentidos, da alma e do espírito. É a noite na qual nosso ego morre, na qual nos deparamos com a escuridão e o vazio totais e na qual nos é negada a firmeza. Agora, não deveríamos fugir disso, mas devemos suportar a escuridão e o vazio. É a noite da "exteriorização final", na qual sacrificamos a aparência mediante a qual damos a entender que somos alguém, exterioridade que aparentemente nos dá segurança e fundamento.

Contudo, naufragar é uma coisa. A outra é a excitante experiência singular e profunda que acompanha o ir-ao-fundo-do-poço: no fim, bem no final, alcançar seu verdadeiro alicerce. Você experimenta em si um fundamento, uma firmeza, faz a experiência de ser carregado. Aquilo que, até agora, buscou como fundamento e estabilidade fora de si, experimenta agora em si mesmo. E isto de uma maneira que um apoio exterior, um fundamento externo, emprestado por outros, jamais poderia proporcionar.

Agora, pode *experimentar* o que talvez julgava saber, aquilo em que até então quiçá acreditou: Deus mesmo é seu fundamento. Tem participação nele. Seu eu consciente mergulha na experiência do afundar no universo da eternidade. Você experimenta um sopro de eternidade, faz a experiência, no agora, de estar rodeado pelo eterno. Uma imensa alegria interior acompanha esta experiência, uma serenidade que você não trocaria por nada no mundo e nada no mundo pode substituir.

ANSELM GRÜN: A experiência da qual você fala, conheço-a igualmente. Ao mesmo tempo, porém, tenho percebido que isso também não é o derradeiro fundamento. Teria prazer em instalar-me nesse profundo fundamento. Então Deus, muitas vezes, subtrai-me este alicerce, a fim de que eu escave ainda mais profundamente e me estabeleça, juntamente com meu anseio, nos abismos de minha alma, a fim de ali buscar a Deus.

João da Cruz afirma que Deus, no início de nosso caminho, uma e outra vez nos consolaria com tais experiências profundas de paz;

a seguir, no entanto, Ele nos tiraria também tal segurança. Não é preciso acontecer forçosamente assim. Devemos ser agradecidos quando temos a sensação de ter chegado ao fundo de nossa alma. Contudo, deveríamos contar com o fato de que isso ainda não é o último fundamento, que Deus pode retirar, mais uma vez, este alicerce, a fim de nos atrair ainda mais profundamente para o mistério de seu insondável amor.

Deus nasce em nós

WUNIBALD MÜLLER: Isso pode levar alguém exatamente ao medo quando devo pressupor que eu próprio, quando penso, pois, ter alcançado meu próprio fundamento, devo contar com a possibilidade de cair ainda mais profundamente; que, no que diz respeito a Deus, não posso estabelecer-me em algum lugar e crer: "Agora já cheguei tão longe que já não me desprenderei da ligação experimentada com Ele".

O que, pois, nos move, o que nos sustenta? Somente o fato de sermos batizados, de pertencermos a uma comunidade religiosa, de crermos em Deus não consegue realmente carregar-nos e sustentar-nos. Tampouco uma espiritualidade estabelecida, ligada à nossa profundidade, ao nosso íntimo não é, consequentemente, garantia de experimentar que somos movidos e mantidos por Deus. Somente o caminho para dentro, para nossa profundidade, para nosso fundamento, conduz para a direção correta. Percorremos esse caminho para dentro – às vezes não nos resta absolutamente outra coisa senão passar por ele – quando suportamos as obscuridades da vida, atravessamo-las e nisso, perecendo, alcançamos nosso verdadeiro fundamento.

Caso percorramos o caminho do chegar-ao-fundo-do-poço, então, depois de tudo, se perseverarmos, findamos por descobrir novo fundamento. Este novo alicerce tem uma dimensão essencialmente espiritual. Para aquele que crê em Deus, a experiência do chegar-ao-fundo-do-poço pode transformar-se em experiência de encontro com Deus. Esta é a promessa da tradição mística: aquele que sofre a morte do eu encontra nisso, ao mesmo tempo, Deus.

Deus nasce em você. Valeu a pena suportar a escuridão e a dor. Agora você já superou. Agora alcançou em si uma profundidade que Deus lhe permite experimentar de um modo que até agora não havia experimentado. Certamente, antes mesmo que tivéssemos levado isso a cabo, quase que já agora teríamos alcançado o céu. Ao contrário, como você disse, espreita-nos a próxima queda. Posso muito bem compreender que muitas pessoas nada queiram saber disso, e, embora eu saiba que posso deparar-me com isso a cada instante, experimento ao mesmo tempo o desejo de pelo menos, no momento, permanecer poupado disso.

ANSELM GRÜN: Antigamente, o discurso dos místicos em torno da morte do eu sempre me pareceu estranho. E eu me precavia contra algumas interpretações demasiado pessimistas da palavra de Jesus sobre a autonegação. Contudo, quanto mais velho me torno, mais claro me fica que a morte do eu é necessária a fim de que possamos realmente experimentar Deus.

Não devemos, porém, entender mal a morte do eu com a dissolução do ego. Com efeito, quem quiser dissolver seu ego, este não percebe como cai em uma presunção, na qual seu ego incha-se com representações espirituais que não lhe cabem. Alguns dos que falam da dissolução do ego gostariam apenas de elevar religiosamente seus problemas consigo mesmos e com seu ser pessoa. Não estão dispostos a enfrentar sua mediocridade. Em vez disso, compensam sua falta do eu com grandiosas palavras sobre a morte do eu e imaginam-se já como místicos. Devemos nos precaver contra isso.

Trata-se, antes, de desligar-se sempre mais do meu ego, a fim de que Deus possa ser Deus em mim. O ego pretende monopolizar Deus. Por conseguinte, o autêntico encontro com Deus só se dá a partir do enfraquecimento do ego. Deus quer reinar em nós, mas o ego não se deixa humilhar. Ele sempre volta à carga. Devemos contar com isso. Pertence à virtude da humildade o fato de o eu jamais poder ser vencido de uma vez por todas. Ao contrário, ele nos lembra de assumirmos nossa própria humanidade, a fim de que nos abandonemos sempre mais, de novo, em Deus. A este processo pertence a admissão de que jamais vencerei o ego, mas que eu, em minha incapacidade de dissolvê-lo, só posso entregar-me a Deus.

WUNIBALD MÜLLER: É perfeitamente compreensível que queiramos evitar, de bom grado, essa situação, porque julgamos não poder suportá-la. O conhecido escritor Nikos Kazantzakis escreveu em seu romance *Resumo de Zorba, o Grego*, que cada ser humano digno de ser chamado Filho do Homem carrega sua cruz e sobe ao Gólgota. Muitos – sim, a maioria –, continua ele, alcançariam apenas o primeiro e o segundo degraus e, depois, aos prantos, desmoronariam à beira da estrada. Não alcançam o cume de sua obrigação: ser crucificados, ressuscitar e salvar suas almas. Cheio de medo da crucifixão, o coração deles vacila; não sabem que a cruz é simplesmente a trilha da ressurreição. Não há outro caminho.

Nossa fé em Deus adquire, a partir disso, uma dimensão profunda. Consolida-se. Nossa fé já não fica na superficialidade, já não se limita à pertença a uma igreja, a uma religião. Deus não vem ao nosso encontro apenas exteriormente, mas nos encontra a partir de nossa própria alma. É uma fé que foi alicerçada mediante a experiência existencial de descer-ao-fundo-do-poço, uma fé que nos move e sustenta, ainda que tudo em nós e ao nosso redor desmorone.

Parte V

Senhor, estamos diante de ti
e vimos a ti nas trevas de um mundo
que nos oculta tua luz sob nuvens de dúvidas e de incertezas,

para que te dignes a ajudar-nos a acolher, na humildade,
a noite do advento na qual o mundo ainda continua,

que não queiras impor sobre nossa própria vida
mais trevas do que as que podemos suportar,

que te dignes a conceder-nos que, através de nossa fé,
esperança e amor,
levemos um pouco de luz aos demais.

Joseph Ratzinger. Oração durante sua permanência em Munique.

1
Ancoragem em Deus

A experiência da ligação com Deus

WUNIBALD MÜLLER: Estou convencido de que nós, diante de nossa fragilidade e distanciamento – que aparecem claramente em toda parte –, precisamos entrar em contato com um mundo que nos centralize. Nosso mundo interior precisa assumir uma ligação com um mundo que não possa ser reduzido ao que podemos criar, ao que nosso eu pode realizar. Precisamos de um centro – em nós e fora de nós –, no qual possamos nos ancorar. Para os muçulmanos, uma peregrinação a Meca pode ser expressão de uma viagem ao centro, a fim de ali renovar-se e regenerar-se; para o cristão, a participação em uma celebração eucarística ou em outra forma de celebração litúrgica.

As religiões nos oferecem as possibilidades, por exemplo, mediante ritos, de entrar em um contato consciente com o âmbito do sagrado, com o outro mundo. A partir disso, chegamos a saborear a energia divina que está à nossa disposição para a administração do nosso cotidiano. Assim, trata-se de desenvolver formas apropriadas que nos ajudem a nos ligar com o sagrado. A partir desse pano de fundo, espiritualidade significa também ser capaz de coligar-se com a esfera do sagrado e ali abastecer-se de energias sagradas (cf. MOORE, 2003: 96).

Para mim, como cristão, Jesus que, vindo do reino do sagrado penetra no mundo profano, realiza a ligação com o mundo do sagrado. Ele nos alimenta com sua carne e com seu sangue, o alimento celeste. Através dele obtemos o alimento do céu, a energia divina, que enriquecem e aprofundam nossa vida. Por meio dele, de sua morte e ressurreição, fomos incluídos nesta rotação divina que assegura que permaneçamos em um intercâmbio vivo com o divino, a fim de tornar-nos unos, sãos e salvos.

ANSELM GRÜN: O anseio mais profundo do ser humano consiste em ser divinizado, ser preenchido com a vida divina. A boa-nova do cristianismo é que o próprio Deus, em Jesus, desceu até nós, a fim de nos fazer participar de sua vida divina. Para mim, esta é a mais profunda ancoragem em Deus que existe. Não preciso superar a penosa subida até Deus, pois Ele desceu até mim, a fim de plenificar-me com sua vida divina. Nos sacramentos da Igreja tomo parte dessa vida divina.

Além disso, a Eucaristia é o caminho diário para que alguém seja permeado pelo amor divino que se revelou da maneira mais evidente na morte de Jesus na cruz. Para mim, trata-se de um exercício diário ancorar-me nesse amor divino na comunhão. Recebi-o no corpo e no sangue de Jesus. Agora Ele quer ser o fundamento de minha vida, de meu trabalho, de meu falar e escrever. Agora Ele quer jorrar nesse mundo através de mim.

WUNIBALD MÜLLER: Para mim, a experiência da ligação com Deus é de importância primária. Muitas vezes existem apenas momentos nos quais experimento esta conexão. Com frequência, apenas fragmentariamente, mas de modo tão evidente que experimento a ligação com Deus como um fluxo – *dele* para mim.

Então, tenho a impressão de ter superado o fosso que existe entre mim e Deus. Caso ainda tivesse, anteriormente, a sensação de que me faltava algo decisivo, esse sentimento agora dá lugar a um sentimento de "ser-totalmente" e de "está-bem-assim". Esta sensação é acompanhada por um sentimento de profunda paz e confiança interior. Caso, antigamente, tenha me sentido inquieto e ansioso – agora posso simplesmente ser. Eu estou ali, em mim, vivo o momento, entrego-me a Deus. Desvencilho-me do que antes me amarrava e me deixava tenso.

Envolvidos pelo amor de Deus

ANSELM GRÜN: Inicialmente, experimento a ligação com Deus como se atravessado pelo amor divino; por outro lado, como ser envolvido pelo seu amor. Quando me coloco em meditação ou em uma igreja vazia, a fim de ali rezar calmamente, então me sinto frequentemente envolvido pela presença terapêutica e amorosa de Deus. Isto me faz bem. Então me torno eu mesmo, também, presente. Estou plenamente presente e não preciso despertar em mim qualquer sentimento de ligação, pois ela simplesmente acontece. Às vezes consigo também, em meio ao trabalho, experimentar esse estar-envolto pela presença de Deus. Então o trabalho é feito de outra forma. A proximidade de Deus me liberta da oprimente proximidade de alguns problemas e de algumas pessoas que me são molestas.

A tradição espiritual expressou tal experiência com a vida na presença de Deus. Nesta tradição dá-se a entender que Deus nos envolve como o ar que respiramos. Deus, por certo, revelou-se a Moisés na sarça ardente com as seguintes palavras: "Eu sou 'aquele que aí está'". Mateus retomou essa revelação de Deus quando ele fala de Jesus como o Emanuel – "Deus conosco". Mateus conclui seu evangelho com a palavra de Jesus que nos promete sua presença constante: "Estejam certos: estou com vocês todos os dias, até o fim do mundo" (Mt 28,20).

Quando interiorizo esta palavra, então a presença de Deus adquire, para mim, um tom especial. Não é apenas o estar envolvido pela presença de Deus, mas a presença de Jesus Cristo, que tem rosto humano, que me acompanha com suas palavras e com seu amor, que não está apenas ao meu redor, mas também em mim.

WUNIBALD MÜLLER: Tais ocasiões, experimento-as como momentos de felicidade. Experimento em mim uma profunda felicidade. Fecho os olhos e saboreio este sentimento. Encontro-me em harmonia comigo mesmo. Enquanto isso, não me esqueço do mundo ao meu redor. Tampouco os aspectos e tendências que se encontram em conflito dentro de mim. Contudo, neste momento, estou em contato com uma camada em mim que me possibilita estar de tal maneira em mim, de estar tão profundamente em mim, que tudo o mais em mim e fora de mim em nada contraria isso.

Sentindo-me ligado a Deus, então sinto-me ligado ao "sopro da vida", "que é incontrolável e que vem de longe, que traz amplitude à vida humana" (RUSSELL, apud WILSON, 1990: 16). Que ele exista, "e que o ser humano seja capaz de abrir-se a esta força maior" é, para C.G. Jung, "uma afirmação sobre o cerne da fé religiosa".

Estou plenamente de acordo com esta afirmação de C.G. Jung. Ela coincide com minhas próprias experiências. Não é a doutrina de ou sobre Deus que realmente significa algo para mim. Esta experiência de ligação com Deus, que está no início de minha sensibilidade religiosa e que para mim significa muito, significa tudo, é a profunda experiência da qual sou capaz. É, ao mesmo tempo, a experiência mais gratificante. Ser capaz disso, considero o mais belo presente que jamais me foi dado.

ANSELM GRÜN: Quando me sinto ligado a Deus, quando sei que estou envolto por sua presença amorosa, então também estou, eu mesmo, plenamente presente. Desse modo vivo mais intensamente. Muitas vezes, vivo apenas por viver, na sucessão das coisas. Contudo, quando estou consciente da presença de Deus, então minha vida torna-se mais impetuosa. Sou mais eu, mais em contato com meu verdadeiro ser. Deus é, para mim, não um caminho da autoalienação, mas da autoalimentação, da autoconfiança, um modo de viver mais intensamente, de estar mais conscientemente presente e imediato.

Quando eu tenho de lidar com o pessoal das finanças, muitas vezes experimento isso como não presente. Eles estão dilacerados em milhares de coisas que precisam ter em mente. A eles, porém, à própria pessoa deles, sinto-os como ausentes. A presença de Deus é, para mim, a condição de estar presente mesmo no encontro com pessoas que estão diante de mim. Isto torna minha vida mais intensa e mais satisfatória.

Abastecer-se da energia divina

WUNIBALD MÜLLER: A ancoragem em algo que é maior do que nós próprios é também importante pelo fato de que, do contrário, corremos o risco de nos transformar em deuses e deusas (cf. MOORE, 2003). Inflamo-nos. Em vez de nos deixar nutrir pelo pão do céu, alimentamo-nos do pão terrestre. Isto, porém, deve "ter gosto" de pão celestial, deve ser "alimento dos deuses". Dizemos que precisa ser algo especial, único, justamente algo que tivesse sabor tal como se proviesse de outro mundo. Muitas vezes, inconscientemente, transformamos nosso comportamento em sacramento. A partir disso, abrem-se porta e portão ao nosso narcisismo e à nossa pretensa grandiosidade. Em todo caso, com frequência estes já estão bastante fortemente cunhados; no entanto, mediante a perda da ligação com o "outro mundo", eles perdem a tão necessária correção e a sadia canalização.

De acordo com o estudioso da psicologia do profundo, Robert Moore, nossas tendências de grandiosidade devem descobrir suas projeções fora de nosso mundo terreno. A energia numinosa, misteriosa, divina deve nos ser fornecida pelo "outro mundo". Quando acreditamos possuir a ela mesma, então pode mostrar-se como um barril de pólvora que explode, porque justamente não somos deus e deusas e, na verdade, deveríamos sabê-lo: que nós não deveríamos ter outros deuses ao lado do único Deus. Visto que não somos deuses, corremos o perigo de querer nos assemelhar a deuses, de nos transformar em dragões perigosos que atacam, em vampiros que sugam os outros.

ANSELM GRÜN: A espiritualidade céltica, que influenciou o cristianismo, vê em tudo a presença de Deus. Tudo está perpassado por Deus. Isto, porém, é algo diferente de divinizar o que é terreno. Com frequência percebo nas pessoas esta tendência a inflar coisas banais com esplendor divino. Quando elas, por exemplo, falam de seus filhos, fazem-no então como se eles fossem semideuses, dotados de genialidade. Quando falam a respeito do trabalho, conferem a tudo uma aparência divina. Tudo transcorre "legal", "maravilhosamente". Dado que as pessoas não aguentam a banalidade do cotidiano e a própria mediocridade, então precisam preenchê-la com atributos divinos.

Quando, porém, descubro a presença de Deus em tudo, consigo deixar o que é terreno tal como é. Não preciso exacerbá-lo. No que é terreno brilha a presença de Deus. Para mim, isto está expresso de maneira maravilhosa na imagem da sarça ardente. O arbusto espinhoso é sem valor, ressequido, é negligenciado. Nele, porém, reluz a glória de Deus. A sarça arde, sem consumir-se. Ela permanece sarça e é, ao mesmo tempo, o lugar no qual se manifestam a beleza de

Deus, o fogo de Deus, o amor de Deus. Quando eu vejo o divino em mim e nos irmãos e irmãs, permito que eu e os outros permaneçamos pessoas completamente normais, sem transfigurá-las.

Do perigo do diretor espiritual

WUNIBALD MÜLLER: Também os diretores espirituais precisam estar atentos: não devem jamais se esquecer de que não passam de mediadores do divino, jamais o próprio divino. Com frequência, eles devem servir de muro de projeção para as grandiosas projeções dos "crentes", a cujos olhos eles parecem homens e mulheres santos. Eles representam o numinoso "visível". Em vez de ligar-se com o misterioso, com Deus, e ali ancorar-se, orientar para lá suas tendências e fantasias grandiosas, tais "crentes" transformam o líder espiritual em guru, em deus, enchem-no com a própria grandiosidade à medida que o admiram e veneram. O que deveria chegar ao "outro mundo", a Deus, portanto, permanece ligado aos diretores espirituais.

Quando os diretores espirituais no mesmo instante não passam adiante essas projeções para seu devido lugar – para o "outro mundo", para Deus –, entram em dificuldades. Correm, então, o risco de autoinflar-se, até finalmente começarem a crer, eles próprios, que são extraordinários, sim, "extraterrestres". Você já aludiu ao fato de a unidade, a dissolução em Deus – a experiência desejada ou de fato acontecida – poder, de repente, levar alguém a crer que ele próprio é Deus.

Em todo caso, tenho grandes reservas em relação a determinados líderes espirituais e gurus que precisam servir de substituto para a malograda ancoragem em Deus. Com efeito, são vistos como pessoas que estão especialmente próximas do divino, de Deus. Se eles não estiverem atentos, impedem, efetivamente, que aconteça o contato com Deus, à medida que eles próprios se oferecem como ponto de ancoragem para o divino. Através disso, interrompe-se a rotação da força mística entre Deus e as pessoas, segundo Robert Moore. Esta quer fluir para Deus, e ali ser renovada; a seguir, refluir para os seres humanos. Agora, porém, a energia divina fica represada nos gurus, fica presa ali e os infla. Em vez de serem canalizadores da energia divina – por exemplo, por meio do ritual –, com essa atitude eles impedem que a força mística chegue aos fiéis, a qual somente Deus pode enviar-lhes, e não os líderes espirituais e gurus.

Qual é sua opinião a este respeito? E quando você olha para si mesmo criticamente – conhece também interiormente esta tentação? Se sim, o que lhe ajuda a não tornar-se tal guru e a não deixar-se arrastar para esse papel?

ANSELM GRÜN: Obviamente também experimento em mim esta tentação de enxergar as projeções dos outros como minha realidade. Quando algumas pessoas, depois de uma conferência, fazem-me os mais altos elogios, experimento a tentação narcisista de acomodar-me a isso e acreditar que sou algo especial. Contudo, sempre afasto essa tentação à medida que me torno consciente de que sou um ser humano como qualquer outro, com altos e baixos, que eu, apesar dos meus diversos livros, ainda padeço sob minha insuficiência e mediocridade.

E me ajuda, então, dirigir-me para casa e viver o cotidiano totalmente normal de um monge. Justamente o trabalho sóbrio na administração do mosteiro, na qual me ocupo com problemas banais como o livrar-me do lixo, o esquema de aposentadoria, a restauração de edifícios, ajuda-me a resistir à tentação de me deixar levar pelo papel de guru. Sei que não me faria bem apenas fazer conferências e escrever livros. Eu preciso do cotidiano, a fim de que minha espiritualidade sempre tenha os pés no chão. Do contrário, correria o perigo de me ensoberbecer e assumir o papel do sábio. Isto seria minha morte espiritual.

Ser monge, para mim, significa dedicar-me, diariamente, mais uma vez, à busca de Deus. Quando falo de Deus não é, pois, como alguém que conhece Deus exatamente e que está mais perto de Deus do que os outros, mas como alguém que está exatamente à busca do Deus incompreensível como as pessoas para as quais falo.

E não nos deixeis cair em tentação

WUNIBALD MÜLLER: Alguns líderes espirituais e religiosos parecem ter perdido, aparentemente, este humilde comedimento necessário. Eles até que, exteriormente, falam de si mesmos como de "indignos servos"; no entanto, demonstram uma atitude exigente que, presumivelmente, justifica-lhes negligenciar as regras mais simples de cortesia – por exemplo, ser pontuais ou responder a uma carta.

Eles perderam a sensibilidade para o desimportante e cotidiano. Parecem ter-se esquecido do que escreve Lucas (16,10): "Quem é fiel nas coisas mínimas, é fiel também no muito, e quem é iníquo no mínimo é iníquo também no muito".

No entanto, a tentação de acreditar dispor até mesmo da energia divina é igualmente um problema geral que diz respeito a nossos políticos, mas também, no final das contas, ora mais, ora menos, a cada um de nós. A energia divina deve nos tocar, energizar-nos. Ela deve nos nutrir, contribuir para a ligação com os deuses e nos lembrar a semelhança com Deus, de nossa *imago dei*. Recordar-nos da semelhança, não da igualdade. "E não nos deixeis cair em tentação" – este pedido no Pai-nosso pode, por conseguinte, ser também compreendido como: "Não nos deixeis cair na tentação de repentinamente acreditar dispor até mesmo da energia divina".

Quando a força numinosa não é deixada lá em seu lugar devido, em Deus, uma e outra vez atada ali e dali "controlada", segundo Robert Moore ela se transforma em dragões, em uma força ameaçadora e imprevisível que ataca e tudo devora com sua fome insaciável de grandiosidade tudo o que consegue pegar. Quão brutalmente concreto este mal possa parecer, no tempo presente se torna mais consciente a nós do que jamais antes, quando nós, aparentemente indefesos, testemunhamos – observamos – como destruímos nossa mãe terra e, com isso, nós mesmos.

Não somente desde o ataque terrorista de 11 de setembro de 2001 tivemos de tomar consciência de que nossa vida está ameaçada em seu cerne. Ao nosso redor, desenvolve-se um mundo que vai de encontro à nossa natureza humana. Não falta muito para que decaiamos completamente neste mundo destrutivo. Ele nos aferra firmemente. É o mundo do computador, da internet, da eletrônica, do ciberespaço. É o mundo artificial dos produtos que a técnica fornece.

ANSELM GRÜN: Minha experiência é que o vazio interior do ser humano é tão imenso, que só pode ser preenchido por Deus. Quando queremos preenchê-lo com dinheiro, ele se torna um barril sem fundo. Precisamos de sempre mais e tornamo-nos sempre mais ávidos. Quando o abarrotamos com grandiosidade, então criamos sempre situações extremas a fim de provar nossa grandeza. Então enlouquecemos para, finalmente, sermos observados em nossa morte premeditada e em nossa própria ruína. Ou, então, explodimos a nós mesmos e a outros no ar, a fim de que, pelo menos no último instante, revelemo-nos grandes. Ou precisamos dar vazão à nossa grandiosidade ao menos no mundo virtual dos jogos de computador. Quando Deus não preenche nosso vazio, jamais nos aquietamos.

WUNIBALD MÜLLER: Para mim, é importante ligar-me sempre de novo àquele que é maior, a Deus, entrar em contato com Ele de maneira bem consciente, inclinar-me diante dele, subjugar-me a Ele. Não porque me veja pequeno e insignificante. Não! Mas porque, conscientemente, não quero esquecer-me de minha grandeza e unicidade concedidas a mim por Deus, não quero esquecer de que Deus é maior, e que está bem que as coisas sejam assim. Ele é maior do que eu, do que a Igreja, do que a sociedade, do que tudo o que também acontece de horrível, a cada dia, em nossa vida privada e no vasto mundo.

Em meio a esse mundo, ancoro-me em algo maior, em Deus, a quem eu rezo a canção de Taizé: "Minha esperança e minha alegria, minha força, minha luz, Cristo, minha confiança, em ti confio e não tenho medo, em ti confio e não temo". Então recupero a calma. Tenho certeza de que Deus, Cristo, são mais fortes do que o mundo do computador.

Chegar a casa

ANSELM GRÜN: O mundo virtual da internet nos distancia sempre mais. Deus nos traz de volta para casa. A língua alemã conhece esta ligação entre lar (*Heimat*) e mistério (*Geheimnis*). Só é possível estar-em-casa (*daheim*) onde o mistério (*das Geheimnis*) habita. Para os germanos, o lar (*das Heim*) é o lugar no qual a pessoa pode reclinar-se, onde se sente bem, em que se sente em casa.

Em nosso caso, só estamos em casa quando o mistério habita em nós, quando existe em nós algo que é maior do que nós próprios. Quando nos deparamos tão somente com nós mesmos, com nossos pensamentos, sentimentos e formas de vida, logo nos entediamos. Quando, porém, experimentamos que, no fundo de nossa alma, existe um mistério que é maior do que nós mesmos, conseguimos estar em casa em nós mesmos.

Karl Rahner sempre falou do mistério imperscrutável de Deus. E ele compreende o ser humano como "pobre referência de um mistério em plenitude". Deus é o mistério. Ele permanece a salvo de nosso apresamento. Contudo, quando falamos de Deus como mistério, isto significa também um convite aos seres humanos que têm dificuldades para crer em Deus e para confrontar-se com seu próprio anseio espiritual.

Quando uma pessoa está aberta ao mistério que é maior do que ela, então, no final das contas, está aberta para Deus. Não necessariamente aquele que proclama ruidosamente que acredita em Deus crê também, em seu coração, no Deus de Jesus Cristo. Talvez ele apenas tenha acomodado Deus como um código, a fim de justificar sua forma de vida. Quem, no entanto, está aberto ao mistério da natureza, ao mistério do ser humano, ao mistério da música, no final também está aberto para Deus, tem uma sensibilidade para o Deus misterioso e que não cabe em conceitos humanos, o Deus que Jesus nos mostrou em suas palavras.

Quando converso com pessoas que pelejam com Deus porque rejeitam uma imagem sua bem determinada com a qual estão ligadas desde a infância, então procuro sempre falar do mistério de Deus. Observo, assim, que diversas pessoas – ainda que não sejam frequentadoras de igrejas – sabem algo a respeito desse mistério. O mistério que carregam no coração é o ponto de partida para falar com elas sobre Deus, o inexprimível mistério que nos possibilita experimentarmos estar em casa em nós mesmos e em uma pátria neste mundo. Os poetas falam do mundo sem-teto, de um mundo no qual já não estamos em casa porque tudo se tornou manipulável. O mundo, pois, somente se tornará uma pátria quando nele for preservado o mistério.

WUNIBALD MÜLLER: A sensação de voltar para casa ou de ter voltado para casa se apresenta a mim, antes de mais nada, quando chego até mim, ao meu mundo interior. É esta sensação de serenidade e de paz interior. Estou, pois, comigo mesmo e em contato com o que é mais do que eu sou. Estou em contato com o mundo da eternidade. Também experimento a conexão com esse mundo a partir da ligação com Deus. E sempre que experimento esta ligação ou quando dou pretexto ao anseio – que muitas vezes experimento de maneira intensa ao despertar –, sinto-me inteiro, em paz comigo mesmo, sinto a paz em mim.

No entanto, permanece o desafio de vivenciar e tornar possível a vivência desse lar exatamente também em nosso mundo exterior concreto. Experimentar Deus não somente em nosso mundo interior, mas não menos em nosso cotidiano: nas favelas da África, nas ruas sujas, inóspitas, negligenciadas de algumas capitais, nos em parte aparentemente tristes abrigos de idosos, no mundo dos negócios que com tanta frequência age desalmadamente. Onde está Deus nisso tudo? Onde encontro Deus aí?

2
A oração como acesso a Deus

Na oração, realizar a experiência de fazer parte de algo maior

WUNIBALD MÜLLER: Há diversas possibilidades para se ancorar em Deus. Durante nossa conversa já aludimos a algumas delas. Em determinada ocasião pode ser a celebração da Eucaristia; a seguir, conforme já mencionado, uma breve meditação no final de um dia. Pode ser igualmente uma pausa curta quando, por exemplo, na sexta-feira à tarde, os sinos tocam às três horas em recordação da morte de Jesus. Pode ser um olhar lançado às estrelas, um passeio pelo bosque primaveril que abre as portas de nosso interior, uma jaculatória, quando fico sabendo da morte ou da enfermidade de uma pessoa conhecida ou também desconhecida. Todas elas representam formas mediante as quais posso entrar em contato com Deus. Cada um pode aqui encontrar seu próprio jeito. O decisivo é, antes, encontrar uma maneira mediante a qual eu permaneça ou entre em conexão com Deus.

Também procuro, uma e outra vez, ao longo do dia, deter-me conscientemente, voltar-me para dentro, a fim de entrar em contato com Deus e perceber sua presença. Às vezes trata-se apenas de poucos segundos nos quais eu, quiçá, cerro os olhos e entro em uma íntima relação consciente com Deus. Ou então começo o dia acendendo uma vela. À medida que, com isso, ilumino fracamente o ambiente, ilumino-me incomensuravelmente, como certa vez o formulou o filósofo Ugaretti. Entro em contato com Deus, visualizo conscientemente sua presença.

Nisso a oração adquire um significado especial. Na prece, posso sempre fazer a experiência de participar de algo maior. De estar protegido e absorvido por Deus. A oração me preserva do medo e das depressões que me acometeriam caso eu julgasse poder desconsiderar a sede de Deus. Minha oração me conduz a Deus, a quem unicamente é devida a honra e para quem se volta meu anseio mais profundo. Ela canaliza minha ânsia de Deus, da qual se diz em um salmo: "Somente em Deus repousa minha alma" (Sl 62,2).

ANSELM GRÜN: Para mim, o espaço onde experimento Deus, acima de tudo, é a oração. Naturalmente sinto Deus também na criação e no encontro com outras pessoas. Experimento-o na liturgia e no escrever, quando esclareço para mim mesmo minha experiência de Deus e tento formulá-la. Contudo, um lugar central continua a ser a oração. Como monges, rezamos juntos cinco vezes os Salmos. Nestes, com frequência vem ao meu encontro precisamente o Deus obscuro e incompreensível. Nos Salmos encontro a mim mesmo e minha própria realidade. Não estou sempre atento a cada versículo. Entretanto, algum versículo sempre me toca e abre meu coração a Deus.

WUNIBALD MÜLLER: Nisso se expressa algo totalmente essencial da oração: é coisa do coração. Ela abre meu coração e o eleva. A palavra latina para “acreditar” é *credere*. Nela se ocultam os termos latinos *cor* e *dare*, o que pode ser traduzido por “dar o coração”. Visto assim, o crer é compreendido como *dar meu coração*.

Experimentar os Salmos como um beijo

ANSELM GRÜN: Descobri, para mim, duas maneiras de rezar os Salmos como caminho para o encontro com Deus. A primeira forma entende os Salmos como poesia que expressam meus sentimentos e minhas experiências diante de Deus. Assim, experimento a oração dos Salmos como autêntico encontro com Deus. Apresento a Deus minha verdade. Nos Salmos, porém, sinto-me desde sempre ligado a todas as pessoas. Efetivamente, nem sempre as imagens dos Salmos expressam minhas experiências pessoais. Com frequência eles me lembram determinadas pessoas de cujo sofrimento ouvi falar. Nesta maneira de rezar os Salmos experimento-me em comunhão com todas as pessoas. Assumo minha verdade e apresento-a a Deus.

A segunda via é o caminho que Santo Agostinho nos aconselha: devemos rezar os Salmos juntamente com Jesus Cristo. Esta forma me ajuda, acima de tudo, durante a Semana Santa. Imagino que, nas palavras dos Salmos, o próprio Jesus expressa suas experiências com as pessoas, precisamente com aquelas que o rejeitaram, condenaram e mataram.

Quando rezo assim os Salmos então surge, para mim, de maneira nova, o mistério de Jesus, o mistério do homem Jesus que experimentou e padeceu, como eu, semelhantes sentimentos, paixões, conflitos, julgamentos e rejeições da parte dos outros. Sinto-me interiormente unido a Ele. Ao mesmo tempo, porém, imagino que Jesus agora reza estes Salmos em Deus, no qual Ele, depois de sua ressurreição, penetrou completa e definitivamente. Assim, na oração dos Salmos, experimento a conexão com o homem Jesus, mas também com o homem Deus, com o filho de Deus, que está nele e que, mediante a oração, admite-me à comunhão do Deus trindade.

Você vem, também, quase diariamente no momento de nossa Hora Média e canta conosco os Salmos. E também já escreveu sobre o efeito terapêutico dos Salmos. O que é importante para você nos Salmos?

WUNIBALD MÜLLER: Isto se me tornou ainda mais consciente depois de uma longa estada em Taizé. Os cânticos que cantei lá, três vezes por dia, sempre repetindo os cânticos individualmente, tocaram uma profunda camada em mim. Eles descobriram em mim uma caixa de ressonância que os assimilou, que realmente os absorveu, a ponto de, a qualquer momento, os cânticos ressoarem em mim ou, pela manhã, acordo com um cântico em meu coração. Atribuo isso ao fato de que esses cânticos interpelam e despertam em mim uma saudade que, no fim das contas, é insaciável: a saudade de Deus.

Acontece-me o mesmo em relação aos Salmos. O estudioso do Antigo Testamento, Erich Zenger, certa vez classificou os Salmos como as meditações da Bíblia. Para mim, são reflexões que me possibilitam afundar em Deus, e isso assim como sou, assim, precisamente como me sinto: superfeliz, triste, esperançoso, desesperado, agradecido e assim por diante. Na oração e no canto dos Salmos dou expressão à minha alma, canta meu interior. Na maioria das vezes, concedo rédea solta também ao meu interior. Quando eu o libero admito também Deus em mim.

ANSELM GRÜN: Fascina-me o que se conta a respeito de São Francisco: quando ele, durante a oração dos Salmos, pronunciava o nome do Senhor – o Senhor, para ele, era sempre Jesus Cristo –, então parecia que se lambia os lábios de deleite e de ternura. As palavras eram, para ele, como um beijo, o qual experimentava na boca. Às vezes experimento determinadas palavras dos Salmos também como um beijo. Então os Salmos deixam de ser tão quebradiços. Em meio às controvérsias cotidianas que os Salmos descrevem, de repente aparece uma palavra sobre o amor de Deus, sobre a ternura de Deus, sobre a misericórdia de Deus, que tem o efeito de um beijo. Desta maneira, a oração dos Salmos torna-se oração de minha ânsia por um amor que me toca e me transforma.

A oração pessoal

WUNIBALD MÜLLER: Orar e meditar contribuem para abrir o presente e o tempo. Abrir-me para Deus, de modo que eu me "dilate" para a esfera divina. Movo-me em direção à protetora e envolvente atmosfera de Deus. O divino me envolve como uma segunda pele. Ou então me sinto como em uma gruta. Permaneço ali, deixo-me iluminar pelo sol, estou em meio às pessoas e, ao mesmo tempo, em contato com a presença de Deus. Aqui. Em mim e ao meu redor.

Nessas ocasiões, quanto mais me entrego a Deus mais me exponho à sua força transformadora que, em seguida, de maneira cada vez mais crescente, assume o comando sobre mim e me forma segundo sua medida, a qual é o amor. O amor que transforma minha mesquinhez em determinação, meu ódio em afeição, meu desejo de vingança em perdão. À noite, antes de me deitar, a oração me ajuda a unir-me a Deus, a mergulhar no universo do eterno. Então saboreio, por um momento, a experiência da intimidade com a esfera do divino, a Deus entregando a mim mesmo e tudo o que me incomoda e ocupa.

ANSELM GRÜN: Para mim, a oração pessoal é, antes de mais nada, acesso a Deus. Na oração pessoal coloco-me simplesmente diante de Deus e apresento – sem que o precise sempre formular em palavras – minha realidade. Imagino-me na presença de Deus, o qual perscruta meu coração. Não posso estar diante de Deus sem que não me depare com minha própria realidade. A presença de Deus, no entanto, possibilita-me também contemplar a própria realidade. Sinto-me acolhido por Deus com tudo o que sou.

A oração, porém, nem sempre leva à experiência de Deus. Por vezes experimento Deus como ausente. Na maioria das vezes estou, eu mesmo, ausente. Quando não estou em mim mesmo, não posso também experimentar a proximidade de Deus. Todavia, quando estou completamente em mim e apresento a Deus o anseio de meu coração, então o pressinto. Nesse momento, experimento Deus como aquele que preenche com uma paz profunda, que me subtrai à superficialidade do cotidiano. Experimento, pois, a vida como digna de ser vivida. Abrem-se outras dimensões: a dimensão do sagrado, a pura presença do amor, da transcendência, do mistério. Torno-me simplesmente sereno e inclino meu ouvido ao mistério.

WUNIBALD MÜLLER: Esta é uma forma de oração que pratico no final do dia. Recolho-me em meu escritório, no qual estabeleci um recanto com um ícone diante do qual há uma vela. Acendo a vela, sento-me sobre meu banquinho de meditação, fecho os olhos e permaneço por alguns minutos em silêncio. Muitas vezes penso nas pessoas que encontrei ao longo do dia, e nas pessoas que me são próximas e que, entretanto, estão mortas. Interiormente, de maneira bem consciente, uno-me ao grande poder, a Deus, tomo consciência da união com Ele. No final, inclino-me diante daquele que é maior, Deus, a quem consciente e prazerosamente me submeto e, acima de tudo, entrego-me. Aquele a quem eu tudo entrego. Amo esses momentos. Para mim, não são uma obrigação, mas um refrigério para minha alma.

Na oração pessoal, o Deus incomensurável torna-se meu Deus, com quem tenho contato pessoal. Ele já não permanece algo anônimo, frio, distanciado, mas se transforma em algo pessoal, personalizado, sim, em alguém e, finalmente, em meu Tu. "Se crer em Deus significa poder falar dele na terceira pessoa, então não creio em Deus. Se acreditar nele significa poder falar com Ele, então eu creio em Deus" (BUBER, 1978). O Deus a quem oro, por exemplo, em minha canção, "é meu Deus e meu tudo".

3
Eucaristia e Comunhão
Entrar no circuito de Deus

Eucaristia como hora da intimidade

WUNIBALD MÜLLER: Dentre as coisas mais belas que a Igreja me oferece está a celebração eucarística. "Tal como pão e vinho são comido e bebido, assim, na Ceia do Senhor, o Deus vivo torna-se não apenas próximo de mim, mas até mesmo mais próximo do que consigo estar de mim mesmo. O que o Evangelho promete, aqui se torna experimentável para mim: *Deus interior intimo meo* – 'Deus é mais íntimo de mim mesmo do que eu próprio o sou'", escreve Otto Hermann Pesch em uma contribuição para a publicação *Cristo na atualidade*. A Eucaristia da qual, para mim, também faz parte a recepção do Corpo e do Sangue, sob a forma de pão e de vinho, é, ao lado da oração dos Salmos e da meditação, o coração de minha práxis de oração.

A celebração da Eucaristia é, para mim, a hora da intimidade, às vezes da mais íntima relação com Deus, a qual atinge seu ápice na transformação e, a seguir, na recepção do Corpo e do Sangue, do pão e do vinho. Desde muito tempo, com ou sem Comunhão ou Ceia do Senhor, Deus está mais próximo de mim do que eu jamais possa estar dele. No recebimento da Santa Comunhão, na recepção da Ceia do Senhor, porém, é concedido a mim experimentar sensivelmente este mistério inefável e celebrá-lo juntamente com outros.

ANSELM GRÜN: Para mim, a Eucaristia é também um lugar importante da experiência de Deus. Posso experimentar Deus no silêncio, na meditação, na oração. Na Eucaristia oro, saboreio Deus. As místicas medievais falavam, conforme já mencionado, da *dulcedo dei*, da "doçura de Deus". O gosto – na opinião do filósofo da religião judeu Walter Schubart – possibilita-nos chegar ao êxtase exatamente como a sexualidade. Por conseguinte, o saborear do pão e do vinho é, para mim, um encontro muito intenso com Jesus Cristo e com o Deus que nele se expressa para mim. Então vivo a Comunhão como um beijo do amor.

Saboreio lentamente o pão feito hóstia e sinto como Cristo se doa a mim, como Ele me preenche e penetra com seu amor, com o qual Ele, na morte, amou-me em plenitude. Quando, no vinho, bebo seu amor encarnado, que se plenificou no momento em que Ele abre seu coração para mim, a fim de que jorrassem sangue e água, então saboreio no vinho doce este amor que é mais forte do que a morte. É o amor que o Cântico dos Cânticos conhece: "Mais doce que o vinho é teu amor" (Ct 4,10).

Obviamente, sei que Deus é experimentável em toda parte. Na Eucaristia, porém, sinto Deus como o Deus que se tornou pessoa humana, como o Deus que tem um coração humano, cujo amor se aproxima humanamente de mim através das palavras e da face de

Jesus e cujo amor posso degustar e saborear com todos os sentidos na Comunhão.

Experiência de Deus na natureza

WUNIBALD MÜLLER: John Muir, que fez grande fortuna em torno do Parque Nacional Americano, descreve o mergulho na paisagem do Parque Nacional de Yosemite, na Califórnia, como uma imersão no cálido coração da natureza. Apraz-me esta comparação. Amo o mergulho na natureza. Valorizo as experiências nas quais me experimento como parte da natureza. Conheço a experiência de ligação mais profunda com a floresta, com o vento, com o solo, com o mar e com o firmamento acima de mim. Para mim, estas são experiências espirituais profundas, que me permitem sentir como parte da criação e de meu Criador.

Ao mesmo tempo, é bastante significativo para mim, aos domingos, participar de uma celebração eucarística. A oração e o canto comunitários, o gesto de saudação de paz, a atualização de minha conexão com Deus a partir da recepção da Santa Comunhão. Tudo isso, para mim, são profundas experiências espirituais.

Aqui não se trata de uma alternativa, portanto, de encontrar Deus somente na natureza, ou de encontrá-lo somente na oração ou na igreja. É preciso entregar-se a todas essas experiências e vê-las como enriquecimento, também como enriquecimento recíproco. Assim, um passeio nas montanhas pode ser experimentado como uma imersão "no cálido coração da natureza". Esta experiência pode lembrar-me de que sou “filho” de Deus, abrigado em seu tépido coração. Ela pode trazer-me a possibilidade de visualizar o que significa ser filho querido de Deus ou filha querida de Deus, o que é selado na celebração do Batismo. Na qualidade de filho ou filha de Deus, desejo, porém, também viver e modelar minha vida coerentemente com essa realidade. Isto significa sempre incluir outras pessoas em nossa vida.

ANSELM GRÜN: Durante as férias prefiro perambular pelas montanhas. Com meus irmãos, faço giros diários pelas montanhas. Nisso, preciso sempre do andar silencioso, a fim de perceber o mistério da natureza ao meu redor. No verão faço minha meditação com a Oração de Jesus frequentemente em nosso alameda do arroio. Ali também me sinto envolto pelo ar fresco da manhã e sinto aí a presença refrescante de Deus.

A Igreja, durante muito tempo, descartou a experiência de Deus na natureza como mera devoção à natureza. No entanto, a Igreja primitiva ligou conscientemente as festas do ano litúrgico às festas da natureza. Experimento justamente o mistério da ressurreição de Jesus também quando perambulo entre os prados primaveris e sinto que a vida floresce por toda parte, que a vida é mais forte do que a morte. Para mim, ambas as coisas vão juntas: a experiência de Deus na natureza, na meditação, na oração e na Eucaristia.

WUNIBALD MÜLLER: A respeito dos místicos medievais de Safed, narra-se que eles, no início do sábado, saíam pelos campos a fim de saudar a presença de Deus, a qual era, então, frequentemente parafraseada com noções e comparações femininas como a terra, a luz ou a noite. Posteriormente, disso tudo sobrou apenas um breve giro no pátio da sinagoga e uma reverência em direção oeste, a fim de saudar o sábado. Uma abertura para a criação e como ela se apresenta a nós na natureza pode contribuir para um revigoramento da celebração da Eucaristia. Não é à toa que exercícios de caminhada, com frequência ligados a celebrações eucarísticas, são tão apreciados.

ANSELM GRÜN: Na verdade, celebramos a Eucaristia com dons da criação, com pão e vinho. Nos ornamentos eclesiais admitimos a natureza no espaço sagrado. Fascinou-me uma visão de Teilhard de Chardin, o jesuíta francês e naturalista. Eis que ele se detém, sozinho, durante uma adoração em uma igreja rural, diante da custódia com a hóstia transubstanciada no centro. De repente, para ele, é como se o branco da hóstia preenchesse o espaço da igreja, extrapolasse-a e penetrasse a natureza com seu jeito. Cristo, a quem ele vê no ostensório, torna-se para ele o Cristo cósmico. Teilhard de Chardin fala de *amorização*. Toda a natureza é perpassada pelo amor de Jesus, que ele contempla na hóstia.

Abastecer-se de energia divina

WUNIBALD MÜLLER: A celebração da Eucaristia ou da Ceia do Senhor é, para mim também, uma forma especial de ancoragem no eterno. Na celebração eucarística recordamos e celebramos nossa redenção. Neste momento, experimentamos a visualização e a mudança da cruz e da ressurreição. É o instante no qual nos unimos a Deus, reabastecemo-nos de nova energia divina sem nisso explodirmos, visto que o ritual canaliza o encontro com o Deus incomensurável. É ainda decisivo, no caso: "Esta atualização não acontece através de nós, não é obra nossa. Ela dá-se no Espírito Santo, a quem invocamos na epiclese em momento decisivo da liturgia e pedimos que desça sobre os dons do pão e do vinho" (KASPER, 2007: 31).

A participação em uma celebração eucarística pode ser, portanto, um tempo no qual somos "reabastecidos" com energia divina. Ela nos possibilita saborear por um longo período a experimentada presença de Deus. No caso, depende de nós se esse tempo de celebração e de oração aguça e aprofunda nossa percepção da presença de Deus, ou se nós simplesmente executamos uma sequência de orações, cânticos e rituais. Em minha ânsia de, durante a Eucaristia, entrar em contato com Deus, favorecem-me o pouco, o calmo. Oração alta e constante, que também tem plena justificação e que também conheço, impede, de muitas formas, de entrar em contato com Deus. Para mim, a transubstanciação ou a recepção da Santa Comunhão podem ser momentos plenamente densos do encontro com Deus. Então pode acontecer que sinta ou experimente perfeitamente a presença do imensurável, inenarrável e misterioso.

Ou quando digo: "Ó Senhor, eu não sou digno de que entreis em minha morada", pode ser um momento no qual me torno consciente da presença de Deus e, de maneira especial, estou aberto para o contato com Ele. Pode ser, ao mesmo tempo, o momento em que a esfera em mim, que é sensível para o eterno, sim, a eternidade que, de acordo com o Livro do Eclesiastes, o próprio Deus colocou em mim, torna-se mais fortemente perceptível do que de costume. A ponto de, na recepção consciente da comunhão, poder experimentar a maravilha que uma e outra vez acontece no ato de comunhão na celebração eucarística.

ANSELM GRÜN: Para mim, o momento da recepção da Santa Comunhão e o subsequente silêncio é o ponto alto da celebração eucarística. Ainda posso lembrar-me bem de com que devoção eu, quando criança, recebi a Comunhão. Naquela ocasião, voltamos para o banco, ajoelhamo-nos e mantivemos as mãos a cobrir o rosto, a fim de ficarmos completamente conosco e completamente com Cristo.

Fiquei tocado quando li que o diretor artístico Christoph Schlingensief, depois de seu câncer, rezou e lembrou-se desse momento da Comunhão: "Ontem à noite rezei mais uma vez. Havia uma eternidade que eu não o fazia. No caso, o que me fez bem, acima de tudo, foi este falar baixinho, o sussurrar com as mãos a cobrir o rosto, tal como depois da recepção da hóstia, quando alguém se encontra em si mesmo e consegue ouvir e sentir a própria respiração" (SCHLINGENSIEF, 2009: 18). Hoje, sento-me ereto no banco, fecho os olhos e imagino como o amor de Jesus penetra todo o meu corpo e como ele gostaria de influenciar na administração de meu trabalho.

Parte VI

Lágrimas

Meu coração chora,
chora lágrimas
de tristeza, de desamparo.
Indizível impotência,
Insuportável sofrimento.
Tanto sofrimento, para quê?
Tanta miséria, por quê?
Quem o pode suportar?
Quase ninguém consegue intuir
as necessidades do outro.
Não pode ajudar.

Adoração.

A miséria segue seu curso,
a dor espalha-se.
E eu rezo.
Inutilmente?

Meu coração chora lágrimas,
consegues vê-las?

Meu coração chora,
e eu sou impotente.
Meu filho, indiferente.
Meu pai, cheio de doenças,
amigas, prostradas.

Meu coração chora lágrimas
pelos que sofrem,
pelos doentes,
pelos inconsoláveis.

Cada lágrima do profundo de meu coração,
cada lágrima, uma prece,
cada lágrima, uma intercessão,
cada lágrima, uma súplica.
Senhor, socorre,
tem piedade!

Sabine Wagner

1
Deus e o sofrimento
O Deus obscuro

Como pode existir Deus quando há tanto sofrimento no mundo?

WUNIBALD MÜLLER: Há algum tempo, passei alguns dias com as carmelitas, que têm seu convento perto do memorial do antigo campo de concentração em Dachau. Nesse lugar, mais do que em qualquer outro, torna-se mais urgente a questão: Onde Deus estava aqui? Seu confrade, Padre Sales Hess, passou alguns anos neste campo e escreveu a respeito um livro com o título *Dachau, eine Welt ohne Gott* [Dachau, um mundo sem Deus]. No livro ele narra também a respeito de sua agonia em torno da questão: Por que justamente ele teve de ir parar ali? "Por que, dentre todos os confrades, precisamente eu devo beber cálice tão amargo? Onde é que falhei? Perscruto continuamente minha consciência. O olho da justiça divina deve ter encontrado algo ofensivo. Contudo, por que uma punição tão severa? Será que isso é vontade de Deus?" (HESS, 1995: 50s.). Assim, ele se perguntava para, em seguida, responder: "Deus pode também permitir que um inocente sofra. De fato, Ele não poupou seu Filho unigênito e muito amado [...]. Eu compreendia: era errôneo, desnecessário querer inventar uma grave culpa a fim de compreender sofrimento tão intenso. Deus pensa diferentemente de nós, seres humanos".

ANSELM GRÜN: Tão logo falamos sobre Deus, ouvimos a censura: Como pode existir Deus quando há tanto sofrimento no mundo? Como Deus pode permitir que uma pessoa inocente morra? Por que Deus não intervém quando um demente, simplesmente ao caso, mata pessoas que nada tinham a ver? Que tipo de criação é esta na qual reiteradamente catástrofes naturais matam inúmeras pessoas? Por que Deus permite o sofrimento?

Há duas questões: a pergunta pela existência de Deus e a pergunta pelo porquê. A pergunta a respeito da existência de Deus é, para mim, independente da pergunta pelo sofrimento. Para alguns, o sofrimento é estímulo para se decidir contra Deus. Não quero acreditar em Deus quando existe sofrimento. Assim age Ivã Karamasow no romance de Dostoievski *Os Irmãos Karamasow*. Ele não quer aceitar o mundo criado por Deus. Para ele, o preço que, como ser humano, deve pagar pelo sofrimento que enche o mundo é demasiado alto. "Meu bolso não me permite absolutamente pagar uma taxa de admissão tão alta. Por conseguinte, apresso-me também em devolver meu ingresso. Não é que eu desaprove Deus, Aliocha, mas, sinceramente, devolvo-lhe o ingresso."

Para outros, o sofrimento é justamente o desafio para se colocar novamente no caminho para Deus. O sofrimento os sacode e os coloca diante da questão de como eles desejam enxergar um sentido em suas vidas. Frequentemente, o sofrimento irrompe em nós a fim de que reconheçamos em Deus o sentido e o fundamento de nossa vida. O sofrimento não é uma prova a favor de Deus ou contra Ele. Em todo caso, porém, ele é um desafio a não falar de maneira demasiado ingênua sobre Deus. O sofrimento põe em xeque minha imagem de Deus e me obriga a ligar a incompreensibilidade do sofrimento com a incompreensibilidade de Deus, como o fez Karl Rahner.

WUNIBALD MÜLLER: Lembro-me de uma cliente que, após um acidente, já não podia acreditar em Deus. Não conseguia perdoar a Deus que isso lhe tivesse acontecido. Para ela – considerando-se espiritualmente –, esta experiência teria sido a oportunidade de amadurecer espiritualmente. Sua imagem do Deus que deve preservá-la da dor, da experiência do medo e da aniquilação, ela a teria descartado como absurda e poderia ter dilatado suas estreitas concepções de Deus.

Você, porém, queria ainda mencionar outro aspecto que tem uma função na relação entre o sofrimento e Deus.

ANSELM GRÜN: A segunda questão é a pergunta pelo porquê. A esta pergunta não posso responder, pois não sei o que Deus pensa. Não posso colocar-me acima de Deus e conhecer quais pensamentos passam por sua cabeça. Posso apenas afirmar que o sofrimento existe, que muitas vezes o sofrimento atinge injustamente as pessoas. Eis que um homem, que se engajara com todas as suas forças em prol de outras pessoas, aparece com um câncer incurável. Não consigo enxergar aí sentido algum. Posso apenas refletir sobre como reajo ao sofrimento. Nisso a fé pode me ajudar.

Contudo, a fé não me dá uma explicação para o sofrimento. Para mim, o sofrimento é sempre um desafio a deixar que se despedacem minhas concepções sobre mim mesmo, sobre minha vida e sobre Deus, a fim de que eu me torne aberto ao meu verdadeiro ser, a novas possibilidades de minha vida e para o Deus incompreensível.

WUNIBALD MÜLLER: Sem pretender, agora, lisonjear experiências de sofrimento, elas podem intensificar e tornar mais íntima nossa relação com Deus. “Sinto falta do meu câncer”, segredava certa mulher a seu diretor espiritual. Enquanto ela pensava estar cancerosa, mantinha um relacionamento íntimo com Deus, entregava-se completamente a Ele. Em momentos de indigência interior e exterior, Deus pode estar mais perto de nós do que em períodos nos quais estamos bem. Este é um aspecto. Por outro lado, isso também possibilita, ocasionalmente, a correção da imagem de Deus, a qual liga unilateralmente Deus à saúde, ao bem-estar e à ausência de sofrimento.

ANSELM GRÜN: Toda enfermidade é um desafio a questionar a própria imagem de Deus. Peter Schellenbaum afirma, com razão, que frequentemente trazemos em nós uma imagem de Deus demasiado inócua. A partir dessa imagem de Deus inofensiva, “que se tornou desbotada”, não brota estímulo algum para a autorrealização. Somente quando Deus é o incompreensível, o obscuro, que nos conduz às esferas escuras e até então desconhecidas de nossa alma, permanecemos interiormente a caminho. Quem traz em si uma imagem de Deus exageradamente linear estaciona interiormente. Precisamente no confronto com o Deus com quem nos atritamos, avançamos interiormente, descobrimos em nossa alma recantos que até então haviam permanecido escondidos.

Conheço em mim também o perigo de "ajustar" Deus para mim. Contudo, em seguida, Deus vem ao meu encontro justamente em situações que, à primeira vista, nada têm a ver com Deus, tal como Jacó que, precisamente à noite, no combate com o homem misterioso, encontrou Deus e, dessa forma, deu um grande passo em sua caminhada de autorrealização. Às vezes são exatamente as palavras de Jesus, com as quais me irrito, que me conduzem a novas esferas de minha humanidade.

Não deves fazer imagens de Deus

WUNIBALD MÜLLER: Isto demonstra quanta razão tinha o Antigo Testamento quando ali se diz que não devemos fazer imagens de Deus. Como é salutar que nos desfaçamos sempre das imagens de Deus que, compreensivelmente, temos e pintamos em nós. Isto pode nos preservar de acomodar ao nosso gosto o que tange a Deus, de rebaixar Deus ao nosso nível. Assim, tudo permanece excitante, pois algo não está completamente esclarecido e resolvido; nós, no entanto, estamos interessados em querer saber.

Estou convencido de que a graça acontece acima de tudo na tensão e não tanto na solução. Nesta abertura, mediante a qual nós não fixamos o que Deus é e como é, criamos para o próprio Deus as melhores condições para que Ele se mostre a nós tal como é, acima de tudo, porém, para que aja em nós e a nosso redor como lhe apraz.

ANSELM GRÜN: Diz a Bíblia: "O princípio da sabedoria é temer a Iahweh" (Sl 111,10). Cada experiência profunda produz em nós temor, tremor e pavor. Um pôr de sol pode nos comover, bem como o sussurrar do vento. Hoje em dia corremos o risco de pintar Deus de maneira demasiado amorosa. Obviamente Deus é o amor. Ele, porém, é também o Santo que se subtrai à nossa presa. É Aquele que pode despertar o pavor em nós.

Quando nós, em 1975, organizamos um curso sobre oração no mosteiro e convidáramos leigos e psicólogos de Rütte, alguns leigos disseram que nós – éramos Padre Fidelis, Padre Meinrad, Padre Udo e eu – nos tornáramos novamente conservadores porque falávamos do temor de Deus e da pureza de coração – de antigas palavras que os monges haviam utilizado para falar de sua experiência de Deus. Hoje já não se poderia falar do temor de Deus, pois Ele seria puro amor! A isso se contrapôs uma psicóloga que teria compreendido muito bem o que tencionávamos dizer com isso. Com efeito, ela já teria sentido Deus "na própria pele".

Não devemos puxar Deus para nosso nível. Como o Santo, Ele é aquele que escapa ao nosso apresamento. Karl Rahner não se cansa de falar da incompreensibilidade de Deus, do Deus que se furta à nossa compreensão, e do Deus diante do qual reverentemente nos inclinamos porque não podemos assimilá-lo e porque Ele é infinitamente maior do que nós. Somente quando conservamos este aspecto do *tremendum* é que podemos falar corretamente de Deus.

WUNIBALD MÜLLER: Um aspecto que aqui também ressoa se relaciona com o respeito que eu tenho ou não diante de Deus. Ou se pode falar também do temor que experimento perante Deus. Temor de Deus é entendido aqui como reverência, respeito em relação a um poder superior. Esta veneração e esta admiração conduzem a que veneremos a Deus, a que nos curvemos diante dele. Elas levam a que nos entreguemos a esse poder superior. Isto nos protege contra a arrogância, do perigo de nos colocar no lugar de Deus. Somos lembrados de nossos limites. Isto vale para cada indivíduo em sua vida privada e profissional. Vale também, na mesma medida – e, no caso, talvez, até mesmo de maneira ainda mais especial – para as pessoas que detêm uma responsabilidade particular, por exemplo, cientistas ou políticos.

Nesse sentido, considero o temor de Deus correto e importante. Quem vive nesse temor de Deus é sensível ao que seu comportamento desencadeia, se ultrapassa os próprios limites. Sua maneira de lidar com a criação e com as pessoas será marcada por esse temor como reverência diante de Deus.

Em nosso diálogo falamos da importância que tem a ancoragem em Deus para nos salvaguardar da supervalorização e da híbris. C.G. Jung (2001: 103s.), em seu livro *Resposta a Jó*, descreve isto de maneira muito impressionante: "Cabe, pois, ao ser humano: imenso poder de destruição foi colocado em sua mão, e a pergunta é se ele consegue resistir à vontade de utilizá-lo, domesticando-a com o espírito do amor e da sabedoria. Dificilmente ele será capaz disso contando apenas com suas próprias forças. É preciso um 'defensor' no céu [...]. Agora é apenas questão de se o ser humano consegue escalar um grau mais alto de moralidade, ou seja, um nível mais alto de consciência, a fim de estar à altura do poder sobre-humano que os anjos decaídos lhe conferiram".

O Deus obscuro

ANSELM GRÜN: C.G. Jung, em seu livro *Resposta a Jó*, alertou também contra o ensinamento cristão a respeito do mal como a *privatio boni*, "a ausência do bem". Ele defende que o mal também está em Deus. Quando aceito as interpretações de C.G. Jung como expressão de experiências pessoais, então as compreendo e nelas encontro conteúdos importantes. Neste livro, porém, Jung ousou para além das fronteiras da psicologia e, por fim, fez afirmações teológicas que nem sempre posso aceitar. Isto não obstante, ele me dá incentivo a falar adequadamente sobre Deus. E, certamente, a imagem do Deus obscuro é um desafio importante.

O Deus obscuro – isto não significa, para mim, que também exista em Deus o mal. Jung diz, com razão, que Deus não está dividido no bem e no mal, mas que nós o experimentamos como antitético, como auxiliador e perseguidor. Contudo, devemos diferençar entre a experiência que fazemos de Deus e a natureza de Deus. Teologicamente, não podemos dizer: Deus é também o mal. Com efeito, isto contradiz todas as afirmações bíblicas de que Deus é luz. O Antigo Testamento, porém, apresenta-nos definitivamente como Deus pode se mostrar como Deus obscuro.

A famosa história da luta de Jacó nos aponta para o Deus obscuro. Jacó peleja aqui com um homem obscuro, que quer tirar-lhe a vida. Todavia, ele deseja ser abençoado justamente por esse antagonista obscuro e incompreensível. E nesse conflito com sua própria sombra e com a escuridão que lhe vem ao encontro, de fora, ele experimenta que Deus mesmo o abençoa. Deus pode nos abençoar precisamente na escuridão. E Deus pode permanecer obscuro para nós, incompreensível, aparentemente o contrário do amor e da bondade.

WUNIBALD MÜLLER: Para mim, como terapeuta, isto significa respeitar meus verdadeiros sentimentos, entre os quais também os assim chamados sentimentos negativos como inveja, irritação, ira, sim, o próprio ódio. Não que deva sempre lhes dar vazão. Trata-se de admiti-los, e não fazer de conta que eles não existem. Eles estão aí e permanecem aí, mas são ocultados com uma "crosta de açúcar cristalizado". Deus é, então, reduzido a uma "Deus-omelete-de-paz-e-de-alegria". Os assim denominados sentimentos negativos, conforme você descreveu, encontram sua expressão de maneira sutil, por exemplo, em comportamentos impiedosos e intolerantes em relação aos discrepantes e dissidentes. Contra este pano de fundo é também bastante compreensível que justamente em comunidades acentuadamente cristãs, mas também em outro contexto eclesial, não raro também oficial, "por baixo dos panos", por assim dizer, exista muita energia negativa ignorada e, consequentemente, reprimida. Ela cria expressões negativas no comportamento autoritário, no pensamento pretensioso e no desamor.

O lado obscuro que não é considerado e assumido permanece não iluminado, e continuará a levar uma vida miserável. Caso alguém se confrontasse com seus reais sentimentos e admitisse que este lado existe em si, talvez ficasse inicialmente decepcionado; ao mesmo tempo, porém, ficaria mais humilde.

Se acaso eu me entrego a esse processo, obtenho também os contornos de Deus. Deus já não é um amaciante para tecidos. Ele se torna pão de centeio, que se deve mastigar vigorosamente. Deus não nos poupa o confronto com nós mesmos, com o confrade, com a confreira. Ele o suscita francamente. Então Deus se torna alguém que nos estimula, desafia a não fugir da luta e do conflito.

ANSELM GRÜN: Certa vez, Dorothee Sölle, com uma pitada de humor, disse que teólogos que descuidam do lado obscuro de Deus permanecem "*playboys* teológicos que são impedidos de se tornarem adultos por aquilo que consideram a fé" (SÖLLE, 1981: 149). Como cristãos, certamente corremos o risco de imaginar apenas o Deus amoroso, e até mesmo com imagens bem inócuas. Deus é sempre o incompreensível. Justamente no sofrimento e na própria culpa nos deparamos com o lado obscuro de Deus. E o Deus obscuro nos convida ao confronto com nossos próprios lados tenebrosos. Teologicamente é, por certo, sensato diferençar entre Deus e imagem de Deus.

Não se trata de fazer afirmações objetivas sobre Deus, dizer, por exemplo, que nele se encontra o mal. Ao contrário, o discurso sobre o Deus obscuro significa que nós, no encontro com Deus, confrontamo-nos com os lados incompreensíveis, "tenebrosos" e inimagináveis de Deus e, com isso, ao mesmo tempo, os lados escuros de nossa própria alma. Somente então o encontro com Deus nos transforma. Do contrário, apenas abusaríamos de Deus a fim de nos apresentar como "fariseus" imaculados e projetar o mal sobre outras pessoas. Isto, de fato, acontece com muitos moralistas cristãos e com cristãos fundamentalistas, que consideram somente a si mesmos como observantes da fé e cobrem todos os outros, que não correspondem absolutamente à sua imagem do Deus de puro amor, com expressões bastante agressivas. Quando a escuridão não é integrada, ela é projetada sobre os demais.

"Meu Deus, meu Deus, por que me abandonaste?"

WUNIBALD MÜLLER: Falamos sobre Deus, sobre o sofrimento e sobre o lado obscuro de Deus. A isso se poderia também ajuntar a experiência do abandono de Deus, do qual, até mesmo pessoas que creem em Deus e que lhe consagram seu amor, não são poupadas. "Meu Deus, meu Deus, por que me abandonaste?", gritou Jesus na cruz.

Também devemos suportar o abandono de Deus, algo que Ele exige de nós. Da mesma maneira o sentimento de termos sido deixados sozinhos por Deus. Aqui não se deve procurar desembaraçar-se demasiado rapidamente da experiência do estar sozinhos, procurando aferrar-se a Deus. Devo também poder suportar meu estar-sozinho, a fim de poder encontrar Deus em um nível mais profundo. Contudo, a este respeito, falaremos detalhadamente no próximo capítulo.

ANSELM GRÜN: Johann Baptist Metz (1991: 29) censura a teologia atual por ter "silenciado mítica ou idealisticamente" o grito de abandono de Jesus. Nesta reprimenda certamente existe algum fundamento. Jesus terminou na cruz com este grito. A ressurreição não deixa esse grito emudecer. Ao contrário, ela nos permite confrontar-nos com nosso próprio abandono. A experiência do abandono pertence ao nosso relacionamento com Deus. Os exegetas nos dizem que o grito de Jesus na cruz é o primeiro versículo do Sl 22. E é provável que Jesus tenha rezado o salmo inteiro na cruz. Este salmo não se conclui com o desespero, mas com a confiança: "Sim, pois Ele não desprezou, não desdenhou a pobreza do pobre, nem lhe ocultou sua face, mas o ouviu, quando a Ele gritou" (Sl 22,25).

Jesus grita sua queixa contra Deus. Em seu abandono, Ele se volta para aquele que o leva para a última solidão. A tensão que se expressa neste versículo vale também para nós: apesar de toda a fé, não obstante todos os caminhos espirituais, existem experiências de abandono, de distanciamento de Deus, de escuridão, de desespero sobre as quais não devemos saltar. Segundo Friedrich Nietzsche, porém, não deveríamos permanecer no desespero, mas ligá-lo ao nosso anseio. Assim, neste abismo entre desespero e ânsia surge a mística: "Onde o desespero e a ânsia se cruzam, aí surge a mística".

2
Deus e a salvação do ser humano

Apresentar a Deus toda a verdade

ANSELM GRÜN: No acompanhamento espiritual, percebo que as pessoas se tornaram doentes em sua espiritualidade porque não tiveram a coragem de apresentar a Deus sua verdade por inteiro. Antes, elas abusaram de Deus a fim de eliminar os próprios lados escuros. Em contrapartida, percebo também que a fé possibilita a cura. Deus não nos aliena da própria realidade, mas nos conduz ao fundo de nossa alma, lá onde existem forças terapêuticas em nós.

Psicólogos e médicos americanos apresentaram pesquisas a fim de demonstrar que o relacionamento com Deus tem um efeito terapêutico sobre o ser humano, e que as enfermidades são mais rapidamente curadas quando as pessoas têm um bom relacionamento com Deus e rezam a Ele regularmente. Tais pesquisas podem confirmar o fato de vermos em Deus a razão de nossa salvação e de nossa cura. Contudo, às vezes também tenho a impressão de que elas querem instrumentalizar Deus demasiado facilmente. Pretende-se provar que crer em Deus e rezar a Deus produz algo.

Para mim, em primeira linha, trata-se de desenvolver uma espiritualidade sadia, na qual eu possa estar diante de Deus com toda a minha verdade, na qual eu experimente Deus como aquele que me sonda com seu amor salvador. A meta da espiritualidade não é tornar-se sadio, mas encontrar a Deus. Contudo, quando encontro a Deus, isso pode certamente contribuir para minha recuperação.

Isto já o reconheciam os antigos monges. Evágrio Pôntico afirma que o primeiro passo no caminho para Deus seria o confronto com Ele nas novas paixões da alma. À medida que me volto para as paixões e me embato com elas, alcanço a *apatheia*, a "liberdade interior", torno-me livre do aprisionamento patológico das paixões (do *pathe*). Evágrio descreve a *apatheia* como saúde da alma. O encontro com Deus, a quem exponho minha verdade, conduz, segundo Evágrio, à saúde da alma. Deus, aqui, não é instrumentalizado. A saúde é, antes, o dom natural do autêntico encontro com Deus.

WUNIBALD MÜLLER: O escopo da espiritualidade não é ter saúde, mas encontrar Deus, assim o dizes. Isto é frequentemente esquecido. Dessa maneira, a espiritualidade deve se responsabilizar por aquilo que não lhe cabe. Coisa diferente é observar bem se não cultivo uma espiritualidade que contribui para minha saúde física e espiritual, incrementando-a – ou se a prejudica. De outro modo existe também uma espiritualidade que adoece, o que exige de nós mais do que podemos dar fisicamente. Existe, outrossim, uma espiritualidade que nos deprecia, que nos deprime, que mata nossa criatividade e espontaneidade mediante legalismo e dogmatismo, ou nos sobrecarrega com falsos sentimentos de culpa. Tal espiritualidade não nos nutre; ao contrário, exaure-nos.

Uma espiritualidade sã e vivificante deve implicar o ser humano *por completo*. Ela deve se expressar através de mim, de meu jeito de ser no mundo, de minha pessoa, de meu comportamento e de meu agir. Ela precisa constituir-se numa força determinante em meu processo de realização, animada pela meta de que eu me torne cada vez mais *plenamente* humano, que desabroche na pessoa que devo ser diante dos olhos de Deus. Quando uma espiritualidade "produz" isto, é uma espiritualidade sadia, bem fundamentada.

Em contrapartida, caso minha espiritualidade não contribua para que me torne e seja plenamente humano, caso minha espiritualidade impeça ou obstrua minha humanização, vale dizer, meu ser humano, pode-se também falar, conforme já mencionado em nossa conversa, em outro contexto, de *Spiritual bypassing*, ou seja, de "desvio espiritual". No caso, ideias e práticas espirituais são utilizadas a fim de contornar problemas pessoais, emocionais não trabalhados, ou para trivializar necessidades, sentimentos e tarefas de desenvolvimento humanos fundamentais – e tudo isso em nome da espiritualidade. A incapacidade de assumir o próprio processo de desenvolvimento pessoal, de não estar disposto a tornar-se e ser *plenamente* humano é quase canonizada, é exposta como virtude (cf. WELWOOD, 2002: 207ss.).

ANSELM GRÜN: Toda espiritualidade que divide faz adoecer. Se uso a espiritualidade para me acalentar com pensamentos e sentimentos piedosos, nisso, porém, evitando a realidade de minha alma e de minha vida, então corro sempre o risco de tornar-me doente.

Com efeito, divido-me entre minhas porções piedosas e ímpias, espirituais e profanas.

A espiritualidade à qual nos convidam os monges primitivos segue outro rumo. Ela diz: "Tudo em ti tem sua razão de ser. Contudo, apresenta a Deus tudo o que brota de ti. Não precisas temer o que emerge de ti enquanto ainda estás em transformação. Apresenta-o a Deus, a fim de que a luz de Deus perpasse tua escuridão, para que a claridade de Deus organize teu caos interior e a paz de Deus aquiete o vulcão de tua alma".

Quando falo desta espiritualidade, alguns ouvintes, então, indagam com frequência: "Então quer dizer que basta simplesmente aceitar-me tal como sou? Já não preciso trabalhar em mim mesmo?" A pergunta se justifica. Não se trata, porém, de cruzar os braços. A espiritualidade cristã está marcada também pela ascese. Ascese significa treinamento. No treino, exercitam-se novas formas de comportamento. O princípio cristão reza: "Queremos crescer, queremos mudar". No entanto, só muda aquilo que percebo em mim e apresento a Deus. Aquilo que reprimo continuará a me perturbar.

WUNIBALD MÜLLER: Tal espiritualidade está entretecida em todas as esferas que constituem nossa vida. Ela não limita a atividade de Deus à esfera do assim chamado sagrado, o que é predominantemente compreendido como oração, dispensação dos sacramentos ou outras atividades relacionadas à Igreja – por mais importantes que sejam. Ao contrário, ela atinge todos os aspectos do mundo e de nossa existência como arena para o agir de Deus.

Ela está integrada no concerto de toda a nossa vida, está ligada ao nosso corpo, à nossa psique, à nossa alma, influenciando nossos relacionamentos humanos.

Para algumas pessoas que estão em busca de uma espiritualidade sadia e bem fundamentada, é importante, antes de mais nada, desvencilhar-se de uma crença, de uma igreja, de uma comunidade, as quais elas consideraram não promotoras de uma sã espiritualidade e que contribuíram para atrofiar suas almas, privando-as do alimento que deveras as nutre e move. Por outro lado, parece-me necessário que cada um que tenha deixado para trás uma espiritualidade que o tenha prejudicado coloque-se em busca de uma espiritualidade que possa nutri-lo. Efetivamente, uma sã espiritualidade é importante para nossa vida e para uma bem-sucedida humanização. Neste sentido é que se deve também entender o estudioso da psicologia do profundo C.G. Jung (1988: 353ss.), quando diz: "Entre todos os meus pacientes que já ultrapassaram a média de idade, ou seja, estão com mais de 35 anos, não há nenhum cujo problema definitivo não seja o da concepção religiosa. Sim, em última instância, cada um sofre pelo fato de ter perdido aquilo que todas as religiões vivas têm dado a seus fiéis em todos os tempos, e nenhum está suficientemente curado se não recuperar sua concepção religiosa, o que, obviamente, nada tem a ver com confissão ou pertença a uma igreja".

Portanto, trata-se de buscar uma espiritualidade e, em seguida, também cuidar para que contribua para nossa saúde espiritual e física, que nos toque existencialmente, que possa nos sustentar nas experiências-limite de nossa vida, que provenha de nossa profundidade e que atue a partir dela.

Para uma espiritualidade terapêutica

ANSELM GRÜN: A espiritualidade da qual fala torna-se evidente na história sagrada da Bíblia. Quando um enfermo se aproxima de Jesus, este não se dirige a ele com palavras piedosas. Ao contrário, Ele se envolve com a enfermidade do outro, com sua lepra, com o sentimento de ser desprezado por todos, com sua paralisia, com o medo que o petrifica, com os pontos cegos que o cego não gostaria de considerar.

Jesus toca as pessoas em suas feridas. Ele permite que a força terapêutica de Deus jorre para dentro dos ferimentos. Às vezes, aliás, Jesus também cura de maneira bem desafiadora. Quando o paralítico, junto à piscina de Betesda, queixa-se de que não teria ninguém e de que os outros teriam melhor sorte do que ele, Jesus não reage com compaixão, mas com palavras fortes: "Levanta-te, toma o teu leito e anda!" (Jo 5,8). Jesus o recoloca em contato com a força que está oculta nele, da qual ele, porém, havia se separado.

As diversas histórias de cura da Bíblia nos mostram que a espiritualidade cristã, a partir de sua origem, é uma espiritualidade terapêutica. Isto se mostra também na ordem de Jesus ao enviar os discípulos: "Ide e anunciai: o Reino dos Céus está próximo. Curai os doentes, ressuscitai os mortos, purificai os leprosos, expulsai os demônios!" (Mt 10,7-8). Esta palavra de Jesus é um constante desafio para nós, pregadores, sobre como falamos de Deus, se de nossas palavras brota algo terapêutico, algo esclarecedor e libertador.

WUNIBALD MÜLLER: Conforme já foi mencionado, para uma espiritualidade terapêutica é necessário amplidão e alargamento. A espiritualidade mais convencional se concentra em determinados campos isolados da vida, em vez de incluir as experiências vividas e sofridas de toda a vida. O que não se encaixa nas categorias preestabelecidas é ignorado ou depreciado. Isto leva a uma espiritualidade que permanece incompleta e, por conseguinte, não raro chega a ser negativamente limitada, clerical. Às vezes ela não tem qualquer referência séria com a realidade de nossa vida e como isso, concomitantemente, torna-se também pouco ou dificilmente experimentada como terapêutica, sentida, portanto, como salvífica. Em contrapartida, uma espiritualidade holisticamente erigida se esforça por ter em vista toda a vida e contribuir, com sua parte, para uma vida em plenitude.

Integralidade é o elo entre saúde e espiritualidade e, portanto, também entre saúde e santidade. Espiritualidade e saúde têm muito a ver com harmonia ou integração de toda a pessoa, à qual pertencem nosso corpo, nosso espírito e nossa alma. Um princípio holístico inclui toda a pessoa: seu comportamento, suas concepções, seus sentimentos, seus pensamentos, seus relacionamentos, suas esperanças e metas, e assim por diante. Sob o ponto de vista bíblico, a pessoa humana jamais é apenas a soma de suas partes, mas sempre uma totalidade. Corpo, espírito e alma não são algo que possuímos, mas algo que somos.

ANSELM GRÜN: De um lado, esta visão holística é importante para uma espiritualidade terapêutica. Devemos colocar diante de Deus nosso corpo e nossa alma, a fim de que sua força terapêutica possa fluir para todos os recantos de nosso corpo e de nossa alma. Por outro, não devemos identificar espiritualidade com saúde. Caso contrário, transmitiríamos a toda pessoa doente sentimentos de culpa: ela não seria suficientemente espiritual. Existe a doença que simplesmente me atinge de fora. Então, não devo me perguntar sobre o que fiz de errado. Ao contrário, devo assumi-la como desafio espiritual. A doença deve, então, conduzir-me ao meu verdadeiro ser e arrastar-me para Deus de maneira nova.

Encontrar-se em sintonia com a criação e com o Criador

WUNIBALD MÜLLER: Obviamente, também posso adoecer enquanto cultivo uma sã espiritualidade. Precisamente aí se mostra quão sadia, integral e profunda é minha espiritualidade, o quanto ela se conserva também na doença e na necessidade. Em contraste com isso há também concepções que nos querem convencer de que não se podem harmonizar, absolutamente, no final das contas, santidade e saúde. Com frequência, cita-se a frase de Santa Hildegarda: "Faze o bem a teu corpo, a fim de que a alma possa aí morar". Mas ela também escreve: "A morada de Deus não cuida de achar-se em um corpo sadio". Por trás disso se encontra a ideia de que quem quiser ser santo, deveria forçosamente empreender o caminho da mortificação.

A experiência do sofrimento e da escuridão pode nos aproximar de Deus. Contudo, o significado originário da palavra "santo" é sadio e inteiro. A doença apresenta uma realidade de nossa vida à qual não podemos escapar. No entanto, a glória de Deus é o ser humano cheio de vida, diz Irineu de Lião. Nossa tarefa é promover, nutrir e cuidar do que contribui para nossa vitalidade, nossa saúde, para uma vida em plenitude, e não aquilo que nos afasta disso.

Santos, íntegros, sadios somos quando nos encontramos em sintonia com o divino. Quando não nos comportamos como se estivéssemos separados, desvencilhados dele. Aliás, o próprio divino não se separa, por exemplo, da terra, nem se dissocia do que pertence ao céu. Céu e terra são um. O divino se manifesta no céu e na terra, e em cada um de nós, seres humanos. Não podemos ser tirados da unidade entre céu e terra, e não deveríamos tirar a nós mesmos desta unidade ao separarmos, um do outro, o espiritual e o mundano.

Deus está presente em toda parte, não somente nos assim chamados santos, nos lugares santos, nas igrejas e assim sucessivamente. "A santa presença de Deus não pode restringir-se às fronteiras religiosas do tempo e do espaço" (NEWELL, 2000: 117). O pão sagrado da celebração eucarística ou da Ceia do Senhor é santo, mas não em sentido exclusivo. Ao contrário, ele aponta para a santidade de todo pão e de todo vinho, para a santidade que reside na vida normal, em cada instante da vida. Não se trata de, com isso, banalizar o sagrado, mas de sacralizar o que é normal.

Essas reflexões, para mim, não entram em conflito com minha fé no Deus que, no céu, encontra sua expressão na terra, em suas criaturas mas, antes, é aquele que permanece o totalmente Outro, com quem, ao mesmo tempo, posso entrar numa relação pessoal. Exatamente isto é o que há de fascinante – participante do céu e da terra, melhor ainda, sendo parte do céu e da terra, eu também posso mergulhar no divino; sim, estou mergulhado no divino. Isto é tão incompreensível, isto é tão incrível, mas tão incrivelmente gratificante que eu, em grande emoção e cheio de admiração, apenas posso admirar e, "admirando, alegrar-me", como ressoa na música de Franz Schubert. Desperto, finalmente desperto e vejo o que até agora não havia visto, o que até então não reconhecera: o Buda, o Cristo em mim. Buda significa "aquele que despertou".

ANSELM GRÜN: Os primeiros Padres da Igreja frequentemente compreenderam a espiritualidade como despertar. A gnose, a que eles queriam dar uma resposta cristã, descreve a condição humana como estado de dormência. O ser humano passa por este mundo como um sonolento. Ele não percebe absolutamente a realidade tal como ela é. A vida espiritual significa: despertar, viver atentamente, andar pelo mundo com os olhos abertos.

Assim compreende a mística também o jesuíta indiano Anthony de Mello. A mística não é algo alheio ao mundo, mas um despertar para a realidade. O próprio Jesus fala frequentemente, em seus discursos, de que devemos ser vigilantes. E o Apóstolo Paulo exortava os tessalonicenses: "Portanto, não durmamos, a exemplo dos outros; mas vigiemos e sejamos sóbrios. Quem dorme, dorme de noite; quem se embriaga, embriaga-se de noite. Nós, pelo contrário, que somos do dia, sejamos sóbrios" (1Ts 5,6-8).

WUNIBALD MÜLLER: Esta compreensão é também defendida pelo Irmão Davi Steindl-Rast. Segundo ele, todo mundo pode ser místico. Para mim, ser místico tem muito a ver com sempre despertar interiormente, enxergar mais profundamente, poder admirar-se diante da maravilha que é podermos viver. Que nós, por alguns momentos, mais uma vez caiamos na dança cósmica, ou seja, no ritmo que, aparentemente predeterminado exteriormente, na verdade é o genuíno ritmo de nossa vida. O ritmo que se acha em sintonia com a criação e com seu Criador.

Tudo isso pode, às vezes, estar tão distante de nós que soa como um conto de fadas de tempos há muito perdidos no passado, que quase nada tem a ver com nossa vida e com nossa realidade. No entanto, isto não tem menos valor hoje do que o teve há séculos. Vale para você e para mim. Não é simplesmente maravilhoso? Sim, uma maravilha? Já não é sem tempo tomar consciência disso, despertar, tornar-se um Buda, que vive conscientemente: Deus criou o céu e a terra, e eu sou parte disso.

ANSELM GRÜN: Para Jesus e para Paulo, o despertar tem o sentido de perceber em tudo a presença de Deus. Devemos, com olhos atentos, observar os sinais dos tempos e neles reconhecer a ação de Deus. Devemos contemplar a natureza com olhos vigilantes e em tudo perceber o Espírito de Deus, que tudo perscruta. Precisamos viver vigilantemente nosso cotidiano, na consciência de que estamos sempre na presença do Senhor. E se trata de atentar também para as moções da alma. Aí também Deus nos fala. São Bento exige do celeireiro que sempre vigie sobre sua alma. Ele precisa perscrutar exatamente com que sentimentos ele se põe a trabalhar. Ele tem a missão de iluminar uma e outra vez os turvamentos de sua alma, a fim de que dele emanem paz e transparência.

Fé e religião contribuem para a saúde e para a cura

WUNIBALD MÜLLER: Conforme você já mencionou, a religião e, de modo especial, a espiritualidade, têm efeito positivo na saúde da pessoa. Em todo caso, uma concepção religiosa e uma prática espiritual não devem ter qualquer efeito negativo em nossa saúde. Ao contrário: religião e espiritualidade exercem uma influência positiva na saúde pessoal e no bem-estar pessoal de uma pessoa. A saúde física e espiritual tem-se beneficiado dos desenvolvimentos religiosos, a começar pelos centros terapêuticos nos templos, passando pela hospitalidade monástica para doentes e moribundos, até as ordens religiosas femininas nos hospitais na Idade Média. Também em nossos dias pesquisas confirmam o nexo fortemente positivo entre religião e saúde.

Com isso não se quer dizer que toda atividade religiosa contribua para o bem-estar das pessoas ou seja positiva. O bem-estar, acima de tudo, está ligado positivamente a uma religião que foi interiorizada, que tem motivação em si própria e que está baseada em um firme relacionamento com Deus. Está ligado negativamente a uma religião que foi estabelecida, que foi, por assim dizer, "imposta" a alguém, uma religião que foi acriticamente assumida e pobremente refletida.

Pesquisas têm demonstrado que a saúde corporal tira proveito do compromisso religioso, a começar pela pertença a um grupo religioso até uma participação ativa. Muitas vezes esta saúde física é acompanhada de boa saúde mental, social e espiritual. Conforme foi mostrado, isto não exclui que haja pessoas cuja concepção religiosa não tenha interferido negativamente em sua saúde espiritual, física e psíquica. No entanto, tais casos, é preciso ponderar se não há por trás uma postura e uma práxis espirituais carentes de uma compreensão integral da espiritualidade. Em uma espiritualidade holística tem-se em vista a pessoa *por inteiro* – corpo, espírito, alma, palavra, relacionamentos –, tal como se aplica a uma espiritualidade bíblica, que diz respeito à pessoa humana em sua totalidade.

ANSELM GRÜN: Espiritualidade holística, para mim, significa também uma espiritualidade sóbria, uma espiritualidade que mantém a pessoa por inteiro, sem discriminações, no relacionamento com Deus. Duas formas de piedade opõem-se a isso. Uma delas é a espiritualidade eufórica. Nesta, descuido de minha realidade. Visto que minha realidade é demasiado banal e excessivamente medíocre, evado-me em belos e eufóricos sentimentos. Estes, porém, não me transformam; apenas distanciam-me de mim mesmo. A outra forma é a espiritualidade legalista, que se aferra apopleticamente a normas. Ela gostaria de fazer, com prazer, a vontade de Deus. No entanto, confunde a vontade de Deus com normas estabelecidas. Dessa maneira, as pessoas já não estão abertas ao que Deus lhes diz em sua alma.

A espiritualidade que torna são não discrimina. Ela ostenta tudo o que existe em nós, também nossos lados obscuros, perante a luz do amor de Deus. Então experimento ou a cura de minha enfermidade ou a paz em minha enfermidade. Também como pessoa doente me encontro no amor de Deus e me sinto plenamente acolhido por Deus.

Adianta rezar?

WUNIBALD MÜLLER: Adianta rezar? Conclusões científicas dos últimos vinte anos demonstram que tanto a prece pública quanto a particular têm efeitos positivos em nosso humor, em nossa condição emocional, em nosso equilíbrio mental e em nossa condição geral. Consequentemente, as pessoas deveriam rezar a fim de obterem melhor saúde mental e física? Alguns o negam, pois dizem: "Não posso me voltar para Deus com interesses egoístas, em vez de ir-lhe ao encontro cheio de gratidão e em atitude de louvor". As referências bíblicas mostram, inequivocamente, que a oração pode ser também uma maneira de pedir ajuda. Isto não exclui que a união silenciosa com Deus, em desinteressada adoração, não possa representar uma forma mais elevada de oração e também de contemplação.

É evidente que a vida religiosa e a espiritualidade se transformam no curso da vida – elas são intensas no final da juventude e na primeira infância, menos fortemente articuladas nos anos da meia-idade, e de novo mais fortemente pronunciadas por volta do fim da vida. Quanto mais míngua a saúde corporal, tanto mais –

visto idealisticamente e em circunstâncias adequadas – floresce a saúde mental e espiritual (cf. WOODS, 2008).

Rezar é uma forma efetiva de poder lidar com situações difíceis. A oração formal ou a participação em uma liturgia podem ser menos eficazes do que a oração espontânea. Parece ser especialmente útil colocar-se conscientemente em atitude espiritual receptiva e agradecida, confiante de que obterá o auxílio de Deus. Manter-se simplesmente na presença de Deus. Desta postura podem brotar confiança e fortaleza.

ANSELM GRÜN: Jesus nos convida a pedir a ajuda de Deus em todas as nossas preocupações e necessidades. Nesse sentido, podemos também pedir a cura. Conheço cristãos, no entanto, que se utilizam de Jesus ou de Deus como de um mágico. Jesus deve, o mais rápido e indolor possível, aliviá-los de seu medo, de sua depressão, de sua apatia. Contudo, eles não enfrentam o próprio medo. Na Bíblia a cura acontece sempre no encontro. Para o encontro eu devo trazer a mim mesmo e à minha verdade. Somente assim acontece o encontro.

Por conseguinte, rezar, para mim, significa em primeiro lugar conversar com Deus ou com Jesus a respeito de meu medo ou de minha depressão. Eu abro a Deus meu coração. Contemplo, na presença de Deus, minha própria verdade. Mas, então, é absolutamente bom que eu também apresente a Deus minha incapacidade de, sozinho, escapar ao meu medo e à minha depressão. Então peço a Deus que sua força terapêutica jorre para dentro de meu medo e de minha depressão. Frequentemente isto tem um efeito terapêutico.

WUNIBALD MÜLLER: Existem formas diferentes de rezar: falar com Deus sobre coisas, pedir a Deus algo e há, ainda, orações rituais. Penso que todas as formas conhecidas de oração têm sua justificativa. Experimentei como muito úteis conversas com Deus em períodos de depressão, medo e desespero.

As orações meditativas parecem contribuir mais para nosso bem-estar do que orações de petição específicas ou orações dialogadas. A serenidade e a força que delas provêm podem colaborar para a cura e podem ajudar as pessoas em seu confronto com a doença e com a morte. Além disso, ficou evidente que a meditação e a contemplação têm influência positiva em uma vida longa e grande atividade na idade avançada.

Existe, ademais, a oração como adoração, como louvor de Deus a partir de um sentimento de gratidão e de amor. Mestre Eckhart diz: "Se uma pessoa jamais teve algo a ver com Deus, exceto ser agradecido, então isso basta". Gratidão é uma das mais sublimes formas de oração e uma das mais nobres ações humanas, da qual somos capazes. Gratidão pode absolutamente concorrer para nos fazer sentir-nos bem.

Nesta oração não se trata apenas ou talvez tampouco em primeira linha de pedir a Deus um favor, como se Deus – conforme ilustrou-o em uma imagem, certa vez, Mestre Eckahrt – fosse uma vaca à qual nos voltamos a fim de obter leite. Tendo obtido da vaca o que queríamos, então nos despedimos. Quando concluímos este tipo de oração, então dizemos "adeus" a Deus.

As pessoas que buscam a conexão com Deus à medida que permanecem abertas à sua vontade ou do divino, tiram grande proveito da oração como tal são aquelas que pedem coisas bem determinadas que, segundo a opinião delas, devem ser mudadas. Pesquisas demonstram que as pessoas que rezam com suas próprias palavras obtêm nisso maior bem-estar do que aquelas que recitam orações preestabelecidas, realizadas como ritual.

Na oração comunitária, como, por exemplo, é o caso de uma liturgia, existe também uma dimensão social que age positivamente em nossa saúde. Assim, a participação em uma liturgia – seja em uma igreja, seja em uma sinagoga, seja em uma mesquita –, com o intuito de incrementar a saúde, tem efeitos positivos sobre tais pessoas. Quando alguém padece de uma enfermidade e frequenta uma liturgia na esperança de, mediante isso, ser curado, ou simplesmente encontrar apoio e consolação – o que se pode dizer contra isso? A força da fé é testemunhada no programa de doze passos dos Alcoólatras Anônimos.

3
Deus é o amor

"Quem permanece no amor permanece em Deus e Deus permanece nele"

WUNIBALD MÜLLER: Deus é o amor. Isto não é estático. O amor quer ser vivido, amado. O amor estimula. Ele nos move. Ele não se deixa acorrentar na profundidade de nosso coração. Exige engajamento, mostra-se na paixão. Deus é o amor. O que significa isto, em que isto se mostra? É Ele o amor que sinto quando se anuncia a mim em uma melodiada *Paixão segundo Mateus*, de Johann Sebastian Bach? É o amor que eu, no encontro com uma pessoa que me dedica seu amor, consigo experimentar concretamente? O amor que posso experimentar como proximidade de Deus, quando permito que Deus venha a mim, quando deixo que Ele me invada, quando a Ele me entrego no amor?

Quando eu, há quase trinta anos, visitei Carl Rogers, o fundador da psicoterapia do diálogo, e lhe perguntei se acreditava em Deus, ele disse que, para ele, não havia nenhum Deus pessoal, mas que podia imaginar que se existe algo como Deus, Deus vive em cada pessoa, e as pessoas que o amam tornam Deus visível. Obviamente, tudo isto não passa de tentativas malogradas de mostrar algumas facetas do que pode significar que Deus é o amor.

ANSELM GRÜN: Em nossa juventude sempre fomos admoestados pelos pregadores de retiro a amar a Deus. Com frequência, a própria palavra de Jesus era citada: "Amarás o Senhor, teu Deus, de todo o coração e com toda a tua alma, com todos os teus pensamentos e com toda a tua força" (Mc 12,30). Contudo, quando refletia sobre isso concretamente, como devia amar a Deus, ficava muitas vezes desnorteado. Não posso amar a Deus como a uma pessoa por quem me apaixonei, na qual o amor simplesmente flui e reflui. O amor a Deus não é assim tão emocional. Não posso experimentar o amor de Deus tão emocionalmente quanto o amor de um amigo ou de uma amiga. Tampouco posso, eu mesmo, amar a Deus como a uma pessoa.

Por conseguinte, nos últimos tempos, a palavra da primeira carta de João tem-se tornado tão importante para mim: "Deus é amor, e quem permanece no amor, permanece em Deus e Deus permanece nele" (1Jo 4,16). Nas conversas com as pessoas percebo como cada um de nós anseia por amar e ser amado. No entanto, a meta não é que uma pessoa simplesmente e para sempre nos preencha este anseio. Com efeito, em todo amor humano, por mais intenso que seja, desperta-se em mim o desejo de ainda mais amor. A meta desta saudade é, simplesmente, ser o amor.

Contava-se que certa mulher, na meditação, de repente era o amor. Ela estava total e plenamente cheia do amor. Este amor jorrou em tudo: em seu quarto, em seu ambiente, nas pessoas, nos animais. Para ela, isso foi uma profunda experiência. Finalmente, ela experimentou o que João escreve. Ela era o amor. Nela estava a fonte do amor. Neste amor ela experimentou o próprio Deus. Quando faço essa experiência, então já não é difícil para mim amar a Deus ou às pessoas. Simplesmente jorra um amor em mim. Quando eu também me entrego a este amor, posso ainda dizer: "Eu amo a Deus". Meu amor jorra, pois, para Deus, o fundamento do meu amor.

Falamos muitas vezes do amor de Deus, mas não o espelhamos

WUNIBALD MÜLLER: Ser totalmente amor! Exatamente é disso que se trata quando nos referimos a Deus e ao ser humano. Caminhamos errantes, buscamos a Deus "sabe Deus onde", quando, no entanto, somente no amor podemos encontrá-lo. Não o encontramos na verdade que – desvinculada do amor – desperta pretensões de absolutismos, não na experiência mais maravilhosa e emocionantemente numinosa ou mística que diz poder brotar sem amor. Não ali onde alguém, um tanto inflacionariamente, recobre-se de noções como Deus e amor, mas o amor não é perceptível e, no final das contas, fica de fora.

Eu posso falar sonoramente de Deus e de seu amor, e derramar sobre os outros palavras a respeito de Deus e de seu amor. Contudo, tudo isso soa oco e vazio quando não estou abraçado por Deus e eu mesmo não amo. Em contrapartida, se estou circundado pelo amor de Deus e o admito profundamente em meu coração, sinto-o ali, então falo a respeito de Deus e de sua proximidade como alguém que foi *tocado* pela experiência da proximidade de Deus.

ANSELM GRÜN: Sim, existe uma grande diferença em como falamos de Deus e do amor de Deus. Ainda me recordo de uma discussão na Casa de Recolhimento. Na ocasião, sacerdotes discutiam sobre qual seria a mensagem cristã mais importante para as pessoas hoje. Um sacerdote martelou sobre os outros: "Deveríamos amar o próximo". Esta seria a mensagem central de Jesus. Outro sacerdote replicou-lhe: "O senhor tem razão. Acontece que, quando olho em seu rosto, não vejo nada desse amor. Só existe dureza e mania de sempre ter razão". Com frequência falamos do amor de Deus; no entanto, não o refletimos.

Padre Meinrad, que já trabalhou conosco na Casa de Recolhimento, pergunta-se, naquilo que as pessoas lhe contam a respeito da própria vida espiritual, se nisso se sente o "sabor de Jesus". Nosso discurso sobre Deus é com frequência teimoso, às vezes vago, outras vezes fanático. Falamos corretamente de Deus quando se pode sentir o sabor de Jesus em nossas palavras. O sabor de Jesus significa o gosto da liberdade, da misericórdia, da ternura, mas também da transparência, da força e da clareza.

Amor de Deus sob a exclusão do amor humano – Assim não dá

WUNIBALD MÜLLER: O amor de Deus, com exclusão do amor humano – assim não dá. Isto permanece o grande desafio para todos os que pretendem poder alcançar o relacionamento direto com Deus, ignorando seus semelhantes. O Papa Bento XVI, em sua Encíclica *Deus caritas est*, formula-o de maneira muito impressionante quando diz: "Quando excluo completamente do meu amor a dedicação ao próximo, e gostaria de apenas ser 'piedoso' [...] então resseca-se também a relação com Deus. Neste caso, ela é apenas 'correta', mas sem amor. Somente minha disposição de ir ao encontro do próximo e demonstrar-lhe amor é que me faz receptivo para Deus".

Com grande paixão, diz Pierre Teilhard de Chardin (apud SCHIWY, 2005: 179): "Quem está apaixonadamente envolvido pelo âmbito divino não conhece escuridão ao seu redor, não suporta nenhuma tepidez e nenhum vazio naquilo que deveria estar cheio de Deus e vibrante de Deus. Quando ele pensa nas inúmeras almas que lhe estão unidas na unidade do mesmo mundo e ao redor das quais o fogo da presença divina ainda não arde suficientemente, então ele se sente quase petrificado. Durante muito tempo ele pôde acreditar que seria suficiente apenas estender seu braço a fim de tocar Deus, tal como o desejava. Agora, porém, ele percebe que o único abraço humano capaz de abraçar dignamente o divino é o abraço de todos os braços humanos, estendidos, ligados uns aos outros, a fim de invocar e receber o fogo. O único sujeito de que a iluminação mística é definitivamente capaz é a totalidade da comunidade das pessoas, as quais, no amor, constituem-se em um único corpo e em uma única alma".

ANSELM GRÜN: Cada um de nós, no caminho do amor, experimenta plenitude e decepção, encantamento e mágoa. Muitos se lamentam, então, quando se apaixonam por uma pessoa e seu amor não é correspondido. Ou percebem que, no casamento, o amor já não flui tão fortemente quanto no início do enamoramento. Contudo, o lamentar-se não ajuda. Apenas leva a acusar o outro de que ele me ama demasiadamente pouco. A mim me ajuda o seguinte pensamento: tanto a plenitude quanto a decepção, seja o encantamento, seja a mágoa deveriam estimular meu anseio pelo amor que se encontra em mim, que jamais se exaure, por que é divino. Assim, não sobrecarrego as pessoas com minhas expectativas de amor.

O amor a Deus não é, portanto, nenhuma fuga do amor das pessoas. Eu não enalteço minha falta de relacionamento à medida que falo do amor de Deus e dou a entender que poderia dispensar o amor das pessoas. Ao contrário, o amor de Deus possibilita provar em mim o amor que experimento pelas pessoas e o amor que elas me dedicam. Ele sempre me aponta para o amor que jorra no fundo de minha alma e que, no final das contas, é o próprio Deus, que é amor.

WUNIBALD MÜLLER: A capacidade de poder entrar em um relacionamento direto com outra pessoa, a ponto de poder amar verdadeiramente o outro, não nos cai no colo. Podemos conquistá-lo quando nos colocamos no processo de desenvolvimento, mediante o qual nos tornamos paulatinamente capazes de experimentar empatia pelas outras pessoas, aproximar-nos delas e poder amá-las autenticamente. Alguns tentam evitar este caminho que os torna aptos para, de fato, amar, e isto em nome da espiritualidade. Isto pode ser uma forma de desvio espiritual. No caso, elas correm o risco de, em vez de percorrer o caminho difícil – que as convida ao confronto com seus semelhantes e que exige que se abram e se façam, assim, vulneráveis –, escolham o caminho fácil, no qual, evitando profundos relacionamentos com os semelhantes, fogem para o relacionamento com Deus.

Algumas restrições de psicoterapeutas ou também de psiquiatras em relação à espiritualidade têm sua razão de ser no fato de a espiritualidade e a fé serem compreendidas como formas baratas de evasão das dificuldades concretas e dos desafios da realidade de nossa vida e de nosso cotidiano. Quanto mais isto se opõe a uma sã e dinâmica espiritualidade, tanto mais, no entanto, não se deve negligenciar que tal espiritualidade, a qual serve para evitar a responsabilidade do confronto com a realidade, é ainda mais difusa. Você confronta, certamente, tal espiritualidade com uma espiritualidade de baixo, por assim dizer.

ANSELM GRÜN: Sim, Padre Meinrad e eu escrevemos um opúsculo com o provocante título: "Espiritualidade de baixo". Com isso retomamos o que São Bento quer dar a entender, em sua regra, com o caminho gradual da humildade. Sob esta expressão, compreendemos que Deus não nos fala apenas a partir das palavras da Bíblia, da pregação ou dos livros sagrados, mas se apresenta de maneira bem concreta em nossos sentimentos e paixões, em nossos sonhos, em nosso corpo. Deus nos fala em nosso trabalho e em nossos relacionamentos. Quando escutamos a voz de Deus em nossa realidade concreta, em nosso corpo, em nossa alma e em nossos relacionamentos, então já não corremos o risco de usar a espiritualidade como fuga da vida. Então não nos afastamos da vida. Ao contrário, Deus quer nos conduzir à verdadeira vida, à vida que corresponde à nossa natureza e à nossa verdade mais íntima.

Naturalmente, escrevemos este livro também para nós mesmos. Com efeito, conheço a "espiritualidade de cima" desde minha juventude. Identifiquei-me com ideais de santos. Isto não foi mau. Contudo, em algum momento percebi o perigo, em mim, de que meus ideais se apartassem demasiado de minha realidade concreta, que eu já não quisesse prestar atenção às moções de minha alma, de meu inconsciente, porque elas contradiziam tais ideais. Assim, eu periclitava viver numa espécie de mão dupla. Isso me teria levado a uma fratura interior.

Amor e amizade desempenham os papéis mais importantes na vida

WUNIBALD MÜLLER: Falo aqui de "espiritualidade dinâmica" (apud MÜLLER, 2007). Ser compreensivo, amável, bondoso é, indubitavelmente, um bem sublime. Contudo, as pessoas vitimadas por algum desvio espiritual frequentemente se concentram tanto na realização de seus ideais, os quais, por vezes, são compreendidos como verdade absolutamente divina, que elas, ao agirem assim, negligenciam a realidade humana relativa. Elas driblam a própria sensibilidade, seus verdadeiros sentimentos. No entanto, aproximamo-nos de nossa verdade pessoal quando procuramos admitir o que verdadeiramente sentimos, tentando descobrir o que isso significa. Isto leva a uma verdade mais profunda, que pode nos transportar ao que *nossa* verdade é.

Uma espiritualidade dinâmica pretende ainda contribuir para que as pessoas se encontrem mutuamente e, em seus relacionamentos e encontros, possam fazer a experiência de serem amadas. A importância e o valor de uma espiritualidade são medidos pelo que eles eventualmente contribuem para capacitar as pessoas ao amor. Uma espiritualidade que não é expressão de amor humano autêntico, bem fundamentado, e nisso, ao mesmo tempo também, amor de Deus, permanece insípida e inútil.

Uma espiritualidade dinâmica nos convida a nos estender à direita e à esquerda, em direção a nossos semelhantes. Ela é emanação de nosso coração e concorre para nos abrir ao nosso próximo, para outras pessoas, de modo que nosso coração pulse por elas. Ela se mostra na capacidade de amar os outros, de poder compadecer-se pelos outros e, a partir dessa compaixão, estar disponível para os outros.

Quem é privado do alimento que brota dos relacionamentos interpessoais permanecerá faminto. Ele e ela procurarão saciar sua fome em outro lugar. Tentarão alcançar o nutrimento por que anseiam a partir do sucesso, do trabalho e de muitas outras coisas. Alguém pode procurar, por meio de altos voos espirituais, nutrir sua ânsia de amor e de aceitação incondicional. No entanto, ele sempre recairá no chão duro da realidade se não for suficientemente alimentado pela experiência do amor.

Quem jamais experimentou o amor, quem nunca amou uma pessoa real, concreta, única, com sentimentos autênticos, verdadeiros, humanos, vivos e vivificantes, e não foi amado por ela, pode até falar interminavelmente sobre a beleza e a alegria do amor divino, mas não soará muito convincente aos ouvidos de alguém que conheceu a agonia e o êxtase do amor na realidade. O filósofo Paulo Feyerabend, apenas a poucos dias de sua morte, chegou a reconhecer: "Hoje, parece-me que o amor e a amizade desempenham o papel mais importante, e que sem eles até mesmo as mais altas conquistas permanecem pálidas, vazias e perigosas".

ANSELM GRÜN: Na condição de monge celibatário, por muito tempo pensei que o amor a Deus e o amor generalizado ao próximo, a que a Bíblia e a tradição espiritual nos incitam, seriam suficientes para minha espiritualidade. Então a experiência de um amor concreto por uma mulher me ensinou outra coisa. Inicialmente esta experiência abalou o edifício de minha vida espiritual. Contudo, a seguir esta experiência me ensinou a falar diferentemente do amor de Deus. Ela me desafiou a esclarecer para mim mesmo como eu posso viver autenticamente como monge celibatário, que se dedicou totalmente ao amor de Deus.

A experiência do amor humano me fez ver onde meu discurso sobre o amor de Deus era ideologia. E ela me ensinou a falar, agora, de maneira diferente sobre o amor de Deus. Quando, agora, sento-me diante do ícone de Cristo e medito com a Oração de Jesus, então sinto, em uma nova dimensão, o amor de Cristo, o qual se expressa nas palavras da Oração de Jesus, e meu próprio amor por Ele. O amor, então, adquire uma coloração emocional. Ele já não é tão só abstrato. No caso, ajuda-me o gesto de colocar minhas mãos no meio do peito e sentir o calor que está em meu coração. Neste calor, experimento o amor de Cristo, mas também o amor a pessoas concretas. O amor de Cristo torna-se, para mim, também emocionalmente perceptível a partir da experiência do amor humano.

WUNIBALD MÜLLER: O que você diz sobre suas experiências em torno do amor a uma mulher e dos efeitos sobre seu relacionamento com Deus me faz lembrar de uma descoberta de Pierre Teilhard de Chardin (1994: 255). Depois de ter enfatizado que Deus não é uma pessoa *da mesma categoria*, mas uma "sobrepessoa", um "sobrecentro" – "ou seja, alguém que é mais profundo do que nós mesmos" –, escreve: "Quando um homem faz de uma mulher o centro de seu coração, não se segue, *necessariamente*, que este homem se encontra efetivamente neutralizado diante do 'divino'. O sol divino ainda pode (*porque* muito mais profundo) ser percebido *através* do astro feminino. Ele pode – e isso até mesmo com brilho mais intenso – brilhar no mesmo nível e para além disso". Quão difícil isso possa afigurar-se e que desafio possa representar para a mulher, expressa-se na animada troca de correspondência entre Pierre Teilhard de Chardin e sua amiga Lucile Swan (apud SCHIWY, 2005).

Enquanto alguém não experimentar o amor, não dispõe de nenhum húmus que seja receptivo para o alimento do amor incondicional de Deus; tal pessoa corre o risco de "entupir-se" de espiritualidade, sem com isso ser suficientemente alimentada. Perderá em sua vida a experiência da autêntica satisfação ou da alegria, sim, da plenitude. Sua espiritualidade não alcança seu coração, sua profundidade. Em tantos hinos ao amor divino suponho perceber, acima de tudo, o grito pela experiência do amor de Deus e do amor humano, justamente porque esse amor não é experimentado no próprio coração e na vida concreta.

Por outro lado, existem as pessoas que, no campo espiritual, preferem a circunspeção e muito pouco – e, se é o caso, em voz baixa e calma – falam do amor de Deus, porque deixam Deus agir profundamente nelas e podem ser receptivas. Elas dispõem de um húmus sensível ao amor de Deus e ao amor de seus semelhantes. Elas fazem a experiência de poderem amar e serem amadas. Sua espiritualidade as capacita a se colocar nos processos que são desafiadores para se poder entrar em um relacionamento íntimo com outra pessoa.

A propósito do primeiro – O amor a Deus

ANSELM GRÜN: Para mim, existe uma interação entre o amor divino e o amor humano. A experiência do amor humano preenche meu amor a Deus. Em sentido inverso, também sinto: vivo cada amor humano igualmente em sua fragilidade. Existem mal-entendidos, mágoas, decepções. Em vez de lamentar, deixo-me conduzir por isso ao fundo de minha alma. Ali experimento a fonte do amor divino. Este amor não é, certamente, emocional como o amor humano. No entanto, intuo que não se manifesta fragilidade alguma, que existe confiança nele, que ele jamais se esgota. A certeza de que a fonte do amor divino jamais se exaure me encoraja a me envolver sempre de novo com o amor humano, apesar de todas as decepções.

WUNIBALD MÜLLER: Neste contexto, agrada-me também o que disse nosso amigo mútuo Henri Nouwen (apud MÜLLER et al., 2001: 249), em sua homilia por ocasião da celebração de abertura da Casa de Recolhimento:

"Sinto a cura de minhas feridas quando escuto a voz que, em meu coração, me diz: tu és meu filho amado, tu és minha filha amada. Tu és completa e absolutamente amado(a) por Deus. Devo acreditar nisso não somente com a cabeça, mas com todo o meu ser. É o fato fundamental de minha vida. Se acredito neste primeiro amor de Deus, então posso reconciliar-me com o segundo amor de Deus, com o qual meus pais me amam, os educadores, a Igreja. Esta também me ama, mas não estou satisfeito com esse amor: ele poderia ser melhor. Contudo, quando tenho conhecimento deste primeiro amor e sempre me lembro de que sou o filho amado, a filha amada, então posso também viver com o segundo amor".

Quando, porém, já experimentei o amor no mais íntimo de mim mesmo, quando meu íntimo foi tocado pelo amor de outro, sou também sensível ao irmão e à irmã, aos semelhantes. Meu coração, pois, pulsa não somente por mim, mas bate também por eles. Por conseguinte, outra coisa não posso sentir senão tristeza perante a carência e a dor de meus semelhantes. Meu interior não pode fazer outra coisa senão apresentar-se, colocar-se em movimento. Algo me move, diz-se com frequência. Todavia, isto está formulado de maneira muito fraca para que possa expressar o que me acontece quando sou confrontado com grande sofrimento. Minhas entranhas se comovem. Aqui é útil a imagem das "vísceras" como representação do coração humano. "Minhas vísceras contraem-se" como reação compreensivelmente humana diante de uma carência palpável de meu semelhante. Eu me sobressalto, não permaneço impassível. Minhas lágrimas soltam-se no mais profundo de mim mesmo, provêm das águas subterrâneas de minha alma.

ANSELM GRÜN: Quando admito a experiência do amor humano e permito meu coração abrir-se para ela, e que, ao mesmo tempo, a partir do amor humano, uma e outra vez entro em contato com a fonte do amor divino no profundo de minha alma, então não preciso me sentir forçado ao amor do próximo. Efetivamente, o amor ao próximo não é apenas um mandamento moral, que eu procuro cumprir com grandes esforços. Ao contrário, meu coração está também aberto para as pessoas que encontro no trabalho, e para as pessoas de cujo sofrimento ouço falar.

O amor não é, pois, apenas um cuidado. É uma qualidade com a qual encontro as pessoas. E sinto que, então, não posso demonstrar obras do amor ao próximo – tal como queria fazer na piedade de minha juventude –, mas simplesmente que o amor está aí. Ele é calmo. Como ele não se pode fanfarronar. Entretanto, encontro as pessoas com amor. Não giro narcisisticamente em torno de mim mesmo e ao redor de meus grandes feitos de amor ao próximo. Simplesmente cedo lugar ao amor em tudo o que faço e em cada encontro humano.

WUNIBALD MÜLLER: O voltar-se para o Tu, para outra pessoa, a abertura para, com a ajuda do meu íntimo, sentir o íntimo de outra pessoa, e me deixar conduzir pelo meu íntimo ao íntimo de outra pessoa, para mim são fundamentais em qualquer caminho espiritual e místico. Caso o caminho conduzisse unicamente para o meu centro, se esse caminho se concentrasse apenas em mim mesmo, ele me tornaria insensível para a necessidade de meu próximo; para mim, teria chegado apenas a meio caminho e, no final das contas, seria inaceitável.

Conheço pessoas espirituais que falam e agem em nome de Deus, que amam, amam realmente e são amadas. Elas vivem em relações obsequiosas, experimentam nisso o amor. Conheço também outras pessoas, aparentemente espirituais, que diariamente estão à procura de "coisas" de Deus, que trazem sempre à boca o amor e, no entanto, levam uma vida marcada por relações descompromissadas. Vivem o puro narcisismo, que se manifesta no descompromisso e no egoísmo, que permanecem dependentes do próprio eu e não ousam o salto em direção ao outro. A espiritualidade delas permanece truncada, não permite penetrar no reino do próprio coração, obscurece a própria irremissibilidade e não oferece contribuição alguma para a capacidade de amar.

Por conseguinte, também tenho problemas com mestres que durante muitas horas por dia – e isso durante toda uma vida – ficam apenas sentados ou viajam pelo mundo, fazem conferências, entretanto, relaxam meditando em suas *dachas*, a salvo da carência material e espiritual de inúmeras pessoas que se sentiriam felizes, se pudessem, ao menos por um dia, levar uma vida tão privilegiada quanto a dos mestres. Não, um critério decisivo para um caminho místico "bem-sucedido" consiste em descobrir se este caminho desenvolve em mim a capacidade de um amor incondicional, se colabora para que este amor em mim, inequivocamente, desenlace-se em bênção para meus semelhantes.

Pessoas que, aparentemente, detêm-se interiormente apenas na presença da eternidade, do mundo do infinito, correm o risco de se tornarem impessoais, de negligenciarem e de descartarem a unicidade e a importância de cada pessoa e da singular relação Eu-Tu. A seguir, elas agem também de forma impessoal, afastadas do plano da relação pessoal concreta. Às vezes, acomete-lhes o sentimento de afeição profunda, preocupação autêntica, verdadeira compaixão pelos semelhantes concretos. Elas, no entanto, afogam tais sentimentos no mar do infinito.

A relação Eu-Tu é o centro de um relacionamento compromissado, interior, envolto no amor. A relação Eu-Tu garante uma alta qualidade de presença. Ela leva a sério a singularidade de cada pessoa. Ela garante concretitude e imediatidade. A partir da relação Eu-Tu, crescem o amor, a afeição, a preocupação, a intercessão e a compaixão. Assim, na relação Eu-Tu aparece uma grande densidade mediante a qual as pessoas se sente interiormente bem próximas, na qual o essencial conta e prevalece. Isto pode ser também o momento no qual a infinita presença irrompe na finita, a finita presença é transcendida. Mediante isso, o relacionamento pessoal não é abolido ou tornado irrelevante. Ao contrário, torna-se mais profundo, amplo, elevado. Quando isso se torna sempre mais possível em nossos relacionamentos humanos e, no final das contas, também em nosso relacionamento com Deus, nisso se expressa uma espiritualidade dinâmica.

ANSELM GRÜN: Jesus compreendeu o amor a Deus, ao próximo e a si mesmo como o resumo de todos os mandamentos. O amor, porém, não existe sem a relação Eu-Tu. Nisso é que se manifesta a natureza do amor cristão. Em todo discurso de um Deus impessoal, da energia cósmica do amor, temos de sempre nos tornar conscientes de que o amor só pode ser vivido na relação. O elevar-se ao amor cósmico pode facilmente transformar-se em fuga do amor concreto. Visto que não nos entregamos ao relacionamento com outras pessoas, evadimo-nos para o amor cósmico.

Por conseguinte, para mim, a aderência à pessoalidade de Deus é condição para que o amor se torne a mensagem central de nossa fé cristã. O amor precisa da relação com o amigo e com a amiga, o relacionamento com o cônjuge, o relacionamento com os pobres e os privados de direitos, e como fundamento de todas essas relações, o relacionamento com Deus, que é um Tu que me interpela e ama. Deus nos amou primeiro, diz Jesus. Deus nos ama na criação. Experimentamos seu amor em suas palavras, nas quais Ele nos fala ternamente. E experimentamos concretamente seu amor no amor de Jesus, que atingiu seu ápice nisso que Ele deu a vida por seus amigos.

WUNIBALD MÜLLER: A forma de nosso relacionamento é a prova dos nove para saber se nossa espiritualidade serve para alguma coisa, caso se trate de uma espiritualidade dinâmica ou não. Isto permanece o grande desafio para todos os que pretendem alcançar o relacionamento direto com Deus ignorando seus semelhantes. Eles acreditam poder fazer um ninho no mundo da eternidade, no qual se retraem sem precisarem se expor às difíceis e dolorosas experiências do cotidiano. De certa maneira, eles usam a espiritualidade como um escudo. Sua práxis espiritual, porém, não tem influência positiva alguma em sua capacidade de poder ir ao encontro de outras pessoas, de entrar realmente em um relacionamento íntimo com elas, sim, de amá-las.

Assim, em relação ao tema "Deus é amor", trata-se primeiramente também de nossa própria capacidade de amar e da exigente, mas também clara afirmação de que o amor de Deus sem o amor do irmão e da irmã é fisicamente impossível. Este amor precisa expressar-se ainda em nosso comportamento concreto, por exemplo, em nosso engajamento pelos pobres e desprovidos de direitos, ou em nosso compromisso contra a violência e a guerra.

Quando vejo o desfile militar nas regiões de guerra, lembro-me das palavras de Isaías: "Com efeito, todo calçado que pisa ruidosamente no chão, toda veste que se revolve no sangue serão queimados, serão devorados pelo fogo" (Is 9,4). E diretamente em seguida a isso, diz: "Porque um menino nos nasceu, um filho nos foi dado, ele recebeu o poder sobre seus ombros, e lhe foi dado este nome: Conselheiro Maravilhoso, Deus Forte, Pai Eterno, Príncipe da Paz, para que se multiplique o poder, assegurando o estabelecimento de uma paz sem fim [...]" (Is 9,5-6).

Estas palavras devem soar como escárnio da boca de cristãos que, com aparente boa consciência, partem para a guerra. Sua bota tudo pisoteia, a promessa de Isaías, bem como a vida de homens, mulheres e crianças inocentes. Diante desta reação, não nos resta realmente senão impotência e raiva? Ou devemos simplesmente deixar de lado, ignorar? Ou simplesmente continuamos a acreditar no que se encontra em Isaías: "Estes quebrarão suas espadas, transformando-as em relhas, e suas lanças, a fim de fazerem podões. Uma nação não levantará a espada contra a outra, e nem se aprenderá mais a fazer guerra" (Is 2,4).

A partir da razão, digo a mim mesmo: acreditar nisso é ingenuidade. A partir dos sentimentos íntimos, previno-me contra tais ideais e desejos ilusórios. No entanto, penso no memorial "Broken Chair" [Cadeira mutilada], diante do prédio principal da ONU, em Genf, que consiste em uma cadeira com uma perna mutilada, e que faz lembrar as vítimas das minas terrestres. Ela representa exatamente esta passagem bíblica. A partir da fé, contra todos os sentimentos interiores, não posso deixar de fazer outra coisa senão acreditar que minha fé é mais forte e mais vibrante do que qualquer discurso bélico e estrondo de guerra.

ANSELM GRÜN: Sim, o amor de Deus exige uma resposta. Gostaria de voltar, ainda outra vez, à imagem do Deus pessoal. Deus, como pessoa, desafia-me. Ele me coloca na responsabilidade, chama-me. Exige algo de mim. A Bíblia da Antiga e da Nova Aliança fala constantemente deste chamado de Deus. O Deus que me interpela é, com frequência, incômodo. De fato, Ele exige que eu ultrapasse minhas medidas, que saia do familiar no qual me instalei. O Deus impessoal, em contrapartida, nada exige de mim. Ele é cômodo. Posso fazer uso dele, meu desejo de ser algo especial. Eu defraudo Deus a fim de estar espiritualmente mais avançado do que os ouros.

Obviamente, os cristãos que acreditam em um Deus pessoal, uma e outra vez recusaram o apelo de Deus, e também tentaram abusar de Deus para justificar seu próprio comportamento. Assim, por exemplo, o ex-presidente dos Estados Unidos, George W. Bush, apelou para Deus a fim de justificar sua guerra contra o "eixo do mal". Contudo, dou razão a Johann Baptist Metz que reiteradamente adverte contra uma religião sem Deus. Ele fala de "um ateísmo amigo da religião", de uma religião "como aquisição da felicidade mediante a evitação do sofrimento e da tristeza e como apaziguamento de medos errantes, religião como encantamento místico da alma, como presunção de inocência psicológico-ateísta para o ser humano, a qual tornou ineficaz toda inquietude escatológica no sonho da repetição do mesmo, ou também, ainda mais pertinentemente à religião, em emergentes fantasias de transmigração de almas e reencarnação" (METZ, 1991: 24).

Hoje corremos o risco de instrumentalizar Deus para nossa sensação de felicidade, para a paz de nossa alma, para nossa liberdade interior de não sermos combatidos pelo mundo, em vez de nos deixar desafiar por Deus para nos confrontar com este mundo. Metz fala da mística de Jesus como da mística dos olhos abertos em contraste com a mística de olhos fechados, que alguns seguidores de Buda propagam. Na mística de Jesus, trata-se de contemplar este mundo à luz de Deus: diante de toda supressão e evitação do sofrimento, "torna visível, acima de tudo, o sofrimento invisível e inconveniente e, oportuna ou inoportunamente, chama a atenção para ele e assume-lhe a responsabilidade, por amor ao Deus amigo dos seres humanos" (METZ, 1991: 37).

Epílogo

No presente diálogo, o discurso sobre Deus é considerado, antes de tudo, a partir do horizonte cristão. Contudo, Deus mesmo, naturalmente, rompe este horizonte, o que se torna patente nas outras grandes religiões. Assim, a conclusão de nosso diálogo deve ser constituída por um texto de Hermann Hesse, que muito se ocupou com o Deus cristão e também com as concepções de Deus de outras religiões. Para ele, porém, isso nunca foi uma discussão intelectual, mas sempre também expressão de sua luta com a questão: "Ó Deus, quem és Tu?"

* * *

Existe obviamente apenas um Deus, uma verdade, que cada povo, cada época, cada indivíduo admite à sua moda, para os quais sempre surgem novas formas. Uma das mais belas e límpidas formas é, certamente, a do Novo Testamento, sob o que, aliás, compreendo unicamente os Evangelhos, em menor proporção as cartas paulinas.

Considero algumas máximas do Novo Testamento, ao lado de outras de Lao-Tsé e de umas tantas de Buda, mais o Upanixade, como o que de mais verdadeiro, concentrado e vigoroso foi conhecido e dito sobre a terra.

Contudo, o caminho cristão para Deus me foi construído mediante estrita educação piedosa, a partir da ridicularia e das picuinhas teológicas, por meio da aborrecida e tediosa monotonia da Igreja, e assim por diante.

Procurei Deus, então, por outros caminhos, e logo descobri o indiano que me era inato, pois meus antepassados, avô, pai e mãe, tinham relações próximas e íntimas com indianos, falavam línguas indianas etc. Mais tarde, descobri também a via chinesa através de Lao-Tsé, o que foi, para mim, a mais libertadora das experiências.

É claro que, paralela e concomitantemente, ocupava-me não menos intensamente com intentos e problemas modernos, com Nietzsche, Tolstoi, Dostoievski; o mais profundo, porém, encontro no Upanixade, em Buda, em Confúcio e em Lao-Tsé e, a seguir, também no Novo Testamento, quando minha antiga versão contra a forma cristã especial da verdade diminuía paulatinamente. No entanto, permaneci fiel ao caminho indiano, embora não o considerasse melhor do que o caminho cristão. Eu agia assim porque a pretensão cristã, a monopolização de Deus, a mania de querer ter razão sozinho, que começa com Paulo e prossegue através de toda a teologia cristã, eram demasiado adversas para mim, e também porque os indianos conhecem formas de busca da verdade muito melhores, mais práticas, mais inteligentes e mais profundas com o auxílio dos métodos da ioga.

Com isto está respondida sua questão. Não considerava a verdade indiana melhor do que a cristã; sinto-a apenas como um pouco menos espiritual, algo menos intolerante, algo mais amplo e livre. Isto é consequência do fato de que a verdade cristã me foi imposta na juventude de maneira inadequada. Ao indiano Sundar Singh aconteceu exatamente o contrário: a doutrina indiana fora-lhe imposta, ele descobriu, na Índia, que a maravilhosa religião antiga estava desfigurada e degenerada, tal como eu, aqui, vi a religião cristã, e ele escolheu o cristianismo, ou seja, ele não escolheu: ele simplesmente foi convencido, plenificado e dominado pela ideia de amor de Jesus, tal como eu pela ideia de unidade dos indianos. Para outras pessoas, outros caminhos levam a Deus, ao centro do mundo.

A experiência, em si, porém, é sempre a mesma. O ser humano que começa a intuir a verdade (também para ele, inicialmente, "tudo vem de maneira confusa", como para o senhor), aquele que pressente o essencial da vida e procura aproximar-se dele, seja, pois, sob a veste cristã, seja sob outra roupagem, experimenta infalivelmente a realidade de Deus – ou, se o senhor quiser, da vida –, de quem fazemos parte, a quem resistimos ou a quem podemos nos doar, sem o que, porém, o iluminado já não pode e não quer viver.

Para pessoas fortemente intelectuais, esta experiência consiste parcialmente em ideias, mas esta não é nenhuma forma indispensável: pode acontecer perfeitamente sem pensamento e conhecimento, à medida que simplesmente a vida mesma nos configura de tal modo que nós buscamos sempre mais o perfeito, o santo e o eterno, e nos tornamos sempre mais indiferentes aos valores e às realidades do outro assim chamado mundo ordinário.

Hermann Hesse

Referências

ASSHEUER, T. (2009). “Im Herzen des Glaubens”. *Zeit-Literatur*, n. 12, mar.

BENTO XVI (2006). *Deus caritas est.* Augsburgo: [s.e.].

BUBER, M. (1985). *Das dialogische Prinzip*. Heidelberg: [s.e.].

______ (1978). *Begegnung* – Autobiographische Fragmente. Heidelberg: [s.e.].

______ (1974). *Ich und Du*. Heidelberg: [s.e.].

______ (1923). *Ekstatische Konfessionen*. Leipzig: [s.e.].

BRANSTSCHEN, N. (2003). *Publik-Forum*, n. 10.

DENZINGER, H. (1991). *Kompendium der Glaubensbekenntnisse und Kirchlichen Lehrentscheidung*. Friburgo: [s.e.].

FELDMANN, C. (2004). “Was uns unbedingt angeht”. *Publik-Forum*, n. 11.

HES, S. (1995). *Dachau, eine Welt ohne Gott*. Münsterschwarzach: [s.e.].

HESSE, H. (2007). *Stufen des Lebens* – Briefe, Auswahl und Nachwort von Siegfried Unseld. Frankfurt: [s.e.].

______ (2003) *Weihnacht mit zwei Kindergeschichten*, 1950. Frankfurt: [s.e.] [Sämtliche Werke, vol. XIV].

JUNG, C.G. (2001). *Antwort auf Hiob*. Munique: [s.e.].

______ (1988). *Über die Beziehung der Psychologie zur Seelsorge*. Olten: [s.e.] [Ges. Werke, vol. VI: Zur Psychologie westlicher und östlicher Religion].

______ (1972). *Bewusstes und Unbewusstes*. Frankfurt: [s.e.].

KASPER, W. (2007). "Gott loben, das ist unser Amt". *Anzeiger für die Seelsorge*, n. 7/8. Friburgo: [s.e.].

KÜNG, H. (1992). *Das Apostolische Glaubensbekenntnis* – Zeitgenossen erklärt. Munique: [s.e.].

______ (1978). *Existiert Gott?* Munique: [s.e.].

MARX, R (2009). *Süddeutsche Zeitung*, n. 81, 07/04.

MERTON, T. (2000). *The Intimate Merton* – His Life from His Journals. Oxford: [s.e.].

______ (1951). *Verheissungen der Stille*. Luzerna: [s.e.].

METZ, J.B. (1991). *Gottespassion* – Zur Ordensexistenz heute. Friburgo: [s.e.].

MODEHN, C. (2009). "Versuchen wir es mal – Wie lässt sich Gott denken, ja mehr noch, lässt sich vielleicht die Existenz Gottes in der Philosophie beweisen? Ein Salonabend im Hause Hegel". *Publick-Forum*, n. 14.

MOOR, R.L. (2003). *Facing the Dragon* – Confronting Personal and Spiritual Grandiosity. Wilmette: [s.e.].

MÜLLER, W. (2007). *Wenn der Geist die Seele berührt* – Für eine dynamische Spiritualität. Ostfildern: [s.e.].

MÜLLER, W. et al. (2001). *Sammle deine Kraft* – Spirituelle und therapeutische Erfahrungen. Münsterschwarzach: [s.e.].

NEWELL, P. (2000). *Echo of the Soul* – The Sacredness of the Human Body. Norwich: [s.e.].

NIETZSCHE, F. (1965). *Die fröhliche Wissenschaft*. Stuttgart: [s.e.].

RAHNER, K. (2006). *Ignatianischer Geist*. Vol. 14. Friburgo: [s.e.].

______ (1999). *Spiritualität und Theologie der Kirchenväter*. Vol. 3. Friburgo: [s.e.].

______ (1990). *Das grosse Kirchenjahr* – Geistliche Texte. Friburgo: [s.e.].

______ (1978). *Schriften zur Theologie* – Vol. 13: Gott und Offenbarung. Zurique [s.e.].

______ (1957). *Schriften zur Theologie* – Vol. 3: Zur Theologie des geistlichen Lebens. Zurique: [s.e.].

RATZINGER, J. (2006). *Süddeutsche Zeitung Magazin*, 20/04.

______ (2005). *Einführung in das Christentum* – Verlesungen über das apostolische Glaubensbekenntnis. Munique: [s.e.].

RILKE, R.M. (1986). *Das Buch vom mönchischen Leben*. Frankfurt: [s.e.] [Gesammelt Werke: Die Gedichte].

ROLHEISER, R. (2004). *The Shattered Lantern* – Rediscovering a Felt Presence of God. Nova York: [s.e.].

SAINT-THIERRY, W. (1993). *Meditative Gebete*. Eschenbach: [s.e.].

SCHELLENBAUM, P. (2000). *Im Einverständnis mit dem Wunderbaren* – Was unser Leben trägt. Munique: [s.e.].

______ (1989). *Gottesbilder* – Religion, Psychoanalyse, Tiefenpsychologie. Munique: [s.e.].

SCHIWY, G. (2005). *Eine heimliche Liebe* – Lucile Swan und Teilhard de Chardin. Friburgo: [s.e.].

SCHLINGENSIEF, C. (2009). *So schön wie hier kanns im Himmel gar nicht sein!* – Tagesbuch einer Krebserkrankung. Colônia: [s.e.].

SCHÜTZ, C. (1988). "Heiliger Geist/Geisterfahrung". In: SCHÜTZ, C. (org.). *Praktisches Lexikon der Spiritualität*. Friburgo: [s.e.].

SÖLLE, D. (1981). *Das Recht ein anderer zu werden* – Theologische Texte. Stuttgart.

STEINDL-RAST, D. (2003). "Vom Eis zu Wasser zu Dampf – Im Wandel der Gottesvorstellungen: Was schätze ich am Christentum". *Christ in der Gegenwart*, n. 39.

STIER, F. (1993). *Vielleicht ist irgendwo Tag* – Die Aufzeichnungen und Erfahrungen eines grossen Denkers. Friburgo: [s.e.].

STUTZ, P. (2009a). *Mein Leben kreist um Dich* – Mit den Psalmen die eigene Mitte finden. Munique: [s.e.].

______ (2009b). *Geborgen und frei* – Mystik als Lebensstil. Munique: [s.e.].

TARDIFF, M. (1995). *At Home in the World* – The Letters of Thomas Merton and Rosemary Radford Ruether. Nova York: [s.e.].

TEILHARD DE CHARDIN, P. (1994). "Die Evolution der Keuschheit". *Geist und Leben*, 4, jul.-ago.

TILLICH, P. (1965). *Pastoral Psychology*, vol. 156, set.

TRUTWIN, W. (2009). "Die Vermessung des Glaubens". *Christ in der Gegenart*, n. 12.

WELWOOD, J. (2002). *Toward a Psychology of Awakening* – Buddhism, Psychotherapy and the Path of Personal and Spiritual Transformation. Boston: [s.e.].

WILSON, C. (1900). *Herr der Unterwelt* – C.G. Jung und as 20. Jahrhundert. Munique: [s.e.].

WOODS, R.J. (2008). *Wellness, Health and Spirituality*. Dublin: [s.e.].

WORNSER, H. (2003). "Was schön ist, muss richtig sein". *Süddeutsche Zeitung*, n. 95, 25/04.

Fontes

Prólogo: *Bíblia de Jerusalém*. Ed. rev. e ampl. São Paulo: Paulus, 2002.

Página 13: BUBER, M. *Begegnung*. © by Gütersloher Verlagshaus. Gütersloh, in der Verlagsgruppe Random House GmhH. München.

Página 87: STIER, F. *Vielleicht ist irgendwo Tag* – Die Aufzeichnungen und Erfahrungen eines grossen Denkers. © Verlag Herder GmbH. Freiburg i.Br., [3]1997.

Página 121: STUTZ, P. *Mein Leben kreist um Dich*. © Kösel-Verlag München, in der Verlagsgruppe Random House GmbH. München, 2008.

Páginas 201s.: WAGNER, S. © Direitos com a autora.

Páginas 253ss.: HESSE, H. *Stufen des Lebens*. © Suhrkamp Verlag, Frankfurt am Main, 2007.